정치는 복지다

김성준 지음

사람마다 각자의 언어가 있습니다.

김성준 인천시사회복지사협회장이며 전 인천시의원의 언어는 분명합니다.

'정치는 복지다'

그의 정치는 늘 복지의 언어로 말해왔습니다.

이 책을 읽으며 다시 확인한 것은, 결국 정치는 사람이 사람을 향해서 한다는 오래된 진실이었습니다. 하지만 김성준 전 의원은 그 진실을 감상에 머물게 하지 않습니다. 어떻게 제도로 옮기고, 어디까지 책임져야 하는지 끝까지 묻습니다.

산후조리원 조례는 정치의 책임 범위를 삶의 시작까지 넓혔습니다. 경비원 보호 조례로 일터의 존엄을 세웠습니다. 사회복지사 처우개선으로 돌봄이 지속될 수 있는 토대를 만들었습니다.

이 책은 사람의 이야기가 어떻게 조례와 제도로 옮겨지고, 그 제도가 다시 신뢰가 되는 과정을 담고 있습니다. 김성준에게 복지는 결과가 아니라 정치의 기준입니다.

정치가 여전히 사람의 삶을 바꿀 수 있다고 생각하며, 그 방향을 찾고 싶은 분들께 이 책을 권합니다.

박찬대

국회의원(전 더불어민주당 원내대표)

정치는 사람의 삶을 바꾸는 일입니다.

그리고 그 삶의 가장 가까운 자리에서 작동해야 하는 것이 바로 복지입니다.

김성준 저자의 자서전『정치는 복지다』라는 제목을 보며, 저는 그가 걸어온 길과 함께했던 인천의 시간들이 자연스럽게 떠올랐습니다.

제가 민선 7기 인천광역시장이었고, 저자 김성준은 인천시의 회의원이었습니다. 직위는 달랐지만, 우리가 바라보던 방향은 같았습니다. 현장의 목소리를 정책으로 옮기고, 제도 속에서 사람의 존엄을 지켜내는 일. 그 과정에서 저는 사회복지를 실천하는 정치인 김성준을 통해 많은 도움을 받았고, 동시에 많은 공부를 했습니다. 김성준은 '복지를 아는 정치인'이기 이전에, '정치를 통해 복지를 실현하려는 사람'이었습니다. 그는 언제나 사회복지 현장의 언어로 말했고, 현장의 어려움을 감성에만 머무르지 않고 정책적 대안으로 제시했습니다. 그래서 그의 문제 제기는 늘 구체적이었고, 그의 제안은 늘 실행을 전제로 했습니다.

이 책에는 왜 정치가 복지를 이야기해야 하는지가 분명하게 담겨 있습니다. 복지는 시혜가 아니라 권리이며, 정치는 그 권리를 제도와 예산으로 실현하는 과정이라는 저자의 확신이 경험과 성찰을 통해 설득력 있게 펼쳐집니다. 동시에 이 책은 복지가 왜 정치적 역량을 가져야 하는지도 말하고 있습니다.

좋은 의도만으로는 제도를 바꿀 수 없고, 현장에 대한 이해만으로는 구조를 움직일 수 없다는 현실 인식 속에서 저자는 복지와 정치가 만나야 할 필연성을 차분히 풀어냅니다.

김성준은 신뢰할 수 있는 정치인입니다. 말보다 행동으로, 구호보다 정책으로, 개인의 명분보다 공동체의 필요를 먼저 생각해온 사람입니다. 그래서 저는 이 책이 단지 한 정치인의 이야기가 아니라, 앞으로 우리가 어떤 정치를 지향해야 하는지를 보여주는 소중한 기록이자 제안서라고 생각합니다. 『정치는 복지다』를 통해 정치의 역할을 다시 묻고, 복지의 힘을 다시 생각하는 많은 분들이 이 책과 만나기를 기대합니다..

박남춘
민선 7기 인천광역시장

추천의 글

『정치는 복지다』라는 제목은 김성준 인천사회복지사협회장이 우리에게 던지는 선언이자 질문입니다. 정치는 무엇을 위해 존재하는가? 복지는 어떤 힘을 가져야 하는가? 저자 김성준의 책은 이 두 질문에 대해 삶과 실천으로 답하고 있습니다.

김성준 회장과 저는 오랜 인연을 이어온 정치적 동지입니다. 그를 오래 지켜보며 느낀 것은 그는 언제나 원칙 앞에서 흔들리지 않는 사람이라는 점입니다. 그러한 성품은 개인의 선택이기도 하지만, 동시에 그가 자라온 집안의 정신이기도 합니다.

저자의 친형인 김철홍 교수는 권력이 가장 거칠고 포악하던 시절 윤석열 정권의 훈장을 거부하며 학자의 양심과 시민의 존엄을 지켜낸 인물입니다. 권력 앞에 고개 숙이지 않는 그 강직함은 한 집안의 내력이자 이 시대가 필요로 하는 가치라고 생각합니다. 이런 형제들이 인천에 있다는 사실은 우리가 마주한 도시와 사회에 분명한 축복입니다.

김성준 회장은 전 인천시의회 의원으로서 누구보다 성실하게 일했습니다. 그는 사무실 안에 머무르지 않고 현장으로 향했습니다. 사회복지 현장의 절박한 목소리를 정확히 전달하면서도 그에 걸맞은 정책 대안을 끝까지 고민하는 정치인이었습니다. 그래서 저는 김성준이라는 사회복지사이자 정치인을 신뢰합니다.

이 책은 왜 정치가 복지를 이야기해야 하는지를 분명히 말합니다. 복지는 선의의 문제가 아니라 제도의 문제입니다. 정치는 그 제도를 설계하고 실행할 책임을 지닌 영역이라는 점을 저자는 자신의 경험을 통해 설득력 있게 풀어냅니다.

동시에 이 책은 복지가 왜 정치적 역량을 키워야 하는지도 강조합니다. 현장을 아는 것만으로는 충분하지 않고 권한과 예산, 제도를 움직일 힘이 있어야 합니다. 정치를 통해 복지는 지속가능하며 더 두텁게 실현될 수 있다는 인식이 책 전반에 깊이 배어 있습니다.

『정치는 복지다』는 한 정치인의 기록을 넘어 우리가 어떤 정치, 어떤 복지를 선택해야 하는지에 대한 진지한 성찰이 담긴 책입니다. 이 책이 정치인에게는 책임을, 시민에게는 기준을 제시하는 길잡이가 되기를 기대합니다.

김교흥

국회의원(국회 문화체육관광위원장)

정치는 결국 사람의 삶을 어떻게 지켜낼 것인가에 대한 선택의 과정입니다. 그런 의미에서 『정치는 복지다』 저자 김성준은 오랜 시간 사회복지 현장과 지방정치 일선에서 몸으로 증명해 온 신념 그 자체라 할 수 있습니다.

지난 제20대 대통령선거 당시, 저는 더불어민주당 인천시당위원장으로서 선거를 총괄했고, 김성준 저자는 인천시당 선대본부 종합상황실장으로서 선거의 최전선에서 헌신했습니다. 수많은 변수와 위기 속에서도 그는 묵묵히 상황을 점검하고, 조직을 조율하며, 현장의 목소리를 놓치지 않는 책임감을 보여주었습니다. 그의 성실함과 열정은 선거를 함께 치른 동지로서 지금도 선명하게 기억에 남아 있습니다.

제21대 대통령선거에서도 우리는 다시 함께했습니다. 저는 인천선대본 직능본부장을, 저자 김성준은 직능본부 수석부본부장을 맡아 이재명 후보의 승리를 위해 뛰었습니다. 특히 직능과 현장을 잇는 과정에서 그는 사회복지 현장의 언어를 정치의 언어로 풀어내는 데 탁월한 역할을 해냈습니다. 그것은 단순한 전달이 아니라, 정책으로 이어질 수 있는 실천적 제안이었고, 정치가 왜 현장을 외면해서는 안 되는지를 보여주는 과정이었습니다.

김성준은 전 인천광역시의원이자, 현재 인천사회복지사협회장으로서 누구보다 사회복지 현장을 잘 아는 정치인이며, 동시에 정치적 역량을 고민하는 사회복지 실천가입니다. 그는 늘 사회복지사들의 전문성과 헌신이 정치 과정 속에서 존중받고 반영되어야 한다고 강조해 왔으며, 이를 위해 사회복지사의 정치적 역량 강화라는 쉽지 않은 과제에도 꾸준히 문제의식을 가져왔습니다.

이 책에는 그가 현장에서 보고, 정치에서 부딪히며 고민해 온 질문들이 담겨 있습니다. 정치가 왜 복지를 이야기해야 하는지, 그리고 복지가 왜 정치적 역량을 키워야 하는지에 대한 그의 대답은 이론이 아니라 경험에서 비롯된 것입니다. 그래서 이 책의 문장 하나하나에는 현장의 무게와 책임 있는 정치에 대한 진지한 성찰이 배어 있습니다.

복지국가, 그리고 기본사회를 향한 길은 결코 선언만으로 만들어지지 않습니다. 현장에서의 작은 실천과 이를 제도와 정책으로 연결하려는 끊임없는 노력이 쌓일 때 비로소 가능해집니다. 저는 김성준 저자의 이러한 고민과 실천이 국민주권 정부, 이재명 정부의 성공을 떠받치는 소중한 토대가 될 것이라 확신합니다.

『정치는 복지다』가 정치인에게는 초심을 되묻게 하고, 사회복지사와 시민에게는 정치의 의미를 다시 생각하게 하는 책으로 오래 읽히기를 기대하며, 이 책을 기쁜 마음으로 추천합니다.

유동수
국회의원

숫자 대신 사람의 체온을 기록하는 '진짜' 정치인

정치판에는 말 잘하는 사람은 많아도, 잘 듣는 사람은 드뭅니다. 제가 기억하는 김성준은 언제나 낡은 수첩을 들고 현장의 구석진 자리에 앉아 있던 사람입니다. 화려한 연단보다는 사회복지관의 좁은 식당이나 경비실의 차가운 의자가 더 잘 어울렸던 사람. 그가 바로 김성준입니다.

그가 펴내는 이 책은 단순한 정치 회고록이 아닙니다. 백혈병 아이들의 병실에서, 냉방기 없는 경비실에서, 그리고 사회복지사들의 고단한 일터에서 그가 온몸으로 써 내려간 '현장 보고서'입니다.

책을 읽으며 가슴이 먹먹했던 것은, 그가 정치를 대하는 태도 때문입니다. 그는 시의원 시절, 화려한 공약 대신 아파트 경비원 휴게실의 온도를 높이는 조례를 만들었습니다. "경비원의 인권은 건물의 높이가 아니라 휴게실의 온도에서 시작된다"는 그의 외침은, 정치가 거창한 이념이 아니라 우리 이웃의 하루를 지키는 일임을 증명하는 명장면이었습니다.

김성준은 넘어져도 그냥 주저앉아 있는 법이 없습니다. 선거에서 낙선한 뒤, 많은 이들이 기약 없이 쉴 때 그는 다시 사회복지 현장으로 돌아갔습니다. 인천시사회복지사협회장으로서 동료들의 권익을 위해 뛰고, 코로나19 팬데믹 속에서 민관 협력의 최전선을 지켰습니다. "직함은 사라져도 책임은 남는다"며 묵묵히 제 몫을 해내는 그를 보며, 저는 그야말로 인천에 꼭 필요한 '준비된 일꾼'임을 확신했습니다.

행정의 차가운 숫자를 사람의 따뜻한 언어로 번역해낼 줄 아는 사람, 김성준. 자신이 겪은 현장의 아픔을 정책이라는 희망으로 빚어낼 줄 아는 사람.

이제 그가 다시 한번 신발 끈을 동여매고 우리 곁으로 다가옵니다. 이 책에는 사람을 살리는 정치를 향한 그의 뜨거운 진심과 구체적인 해법이 가득합니다. 가장 낮은 곳에서 피어난 그의 이야기가, 힘겨운 시기를 건너는 우리 모두에게 따뜻한 위로와 희망의 증거가 되리라 믿으며 일독을 권합니다.

허종식
국회의원

"사람"을 향하고 있는 정치인 김성준이라는 사람

지난 100년동안 서구 선진국 정치의 최대 과제는 복지국가 건설이었고, 지난 20년 대한민국 정치의 최대 화두도 복지였다. 국민을 주인으로 섬기는 민주정치의 핵심이 복지인 것은 당연하고 복지국가 실현 방식을 두고 정치세력 간 격렬한 논쟁을 하는 것도 당연한 일이다. 우리가 잊고 있는 것은 복지국가의 구상이 어떻든 간에 복지의 전달과 실현은 최종적으로 사람의 손에 의해, 사람에게로 전해지는 존중과 배려라는 점이다.

인천시 사회복지사협회장으로 일하는 김성준 전 인천시의원은 정치가 구상하는 복지정책에 사람의 온기와 효율성을 덧붙여 온 훌륭한 복지정책전문가이자 사람사랑의 정치인이다. 복지체계의 실핏줄 역할을 하는 기관과 단체들에서 고군분투하는 사회복지사 출신답게 그의 시선은 사람을 향하고 있다.

김성준 전 시의원은 "사람이 체감하지 못하는 복지는 복지가 아니"고 "정치의 처음도 끝도 결국 사람"이라고 말한다. 복지도 정치도 사람을 향하고 있어야 하고, 결국 사람에게서 사람에게로 전달되는 존중과 배려임을 정확하게 깨닫고 있는 것이다. 나는 이런 분이 다시 정치의 현장에서 역할과 권한을 가지고 국민을 위해서 일해주기를 간절하게 바란다. 복지현장에서 땀흘려 일하는 것도 소중하지만 사회복지사로서의 경험과 인천시의원으로서의 경험이 복지전달체계의 최종적 조율단계인 기초자치단체 차원에서 어우러지면 우리 삶에 더 큰 변화를 가져올 수 있다고 믿고 있다. 이런 경험의 행정책임자가 나타난다면 지난 100년 동안 서구정치에서의 과제이자 한국정치의 최대 화두인 '복지국가' 실현에 멋진 이정표를 세울 수도 있다고 생각한다. 이 책은 그 가능성의 보고서이다.

"사람"을 향하고 있는 정치인 김성준이라는 사람의 열정과 결단을 응원한다.

박용진
더불어민주당 20대 21대 국회의원

숫자가 아닌,
사람의 얼굴을 기억하는 정치

백혈병 소아암 병동에서 '복지는 서류가 아니라 생명을 다투는 시간'임을 깨닫고, 복지 시설 첫 출근길에서 '복지는 제도가 아니라 사람'임을 배웠던 사람.

김성준에게 정치는 권력이 아니라, 가장 절박한 이들의 손을 잡는 '책임'이었습니다.

그는 산후조리원, 아파트 경비원, 사회복지사의 처우를 고민하며 현장의 거친 언어를 세심한 제도의 언어로 번역해 온 '번역가'이기도 합니다.

낙선의 아픔 속에서도 "당신 때문에 처음 투표했다"는 시민의 한마디에 다시 신발 끈을 동여매는 그를 보며, 우리는 정치의 본령이 결국 '사람을 살리는 일'임을 다시 확인합니다.

"복지는 서류가 아니다. 시간이다."

이 짧은 문장 속에 김성준의 정치가 모두 담겨 있습니다. 인천시의회 문화복지위원장과 이재명 대선 캠프의 최전선을 거치며 그가 보여준 것은 화려한 말잔치가 아니었습니다. 복지 사각지대 이웃들의 '오늘'을 지키기 위해 시스템과 싸우고 대안을 만들어낸 실천가입니다.

그는 정치가 실종된 곳에서 책임을 발견하고, 시스템이 멈춘 곳에서 복지의 속도를 높였습니다. 김성준의 정치는 현장에 뿌리박고 있기에 단단하고, 사람을 향하고 있기에 따뜻합니다.

차가운 숫자와 따뜻한 사람의 얼굴 사이, 그 좁은 틈을 메우기 위해 온몸으로 부딪쳐 온 김성준의 기록.

이 책은 '정치는 복지다'라는 명제를 가장 뜨겁게 증명하고 있습니다. 기본소득과 돌봄국가라는 미래를 향해 뚜벅뚜벅 걸어가는 그의 여정에 뜨거운 박수를 보냅니다.

남영희
더불어민주당 동구미추홀구을 지역위원회 위원장

정치는 결국 사람의 삶을 어떻게 책임질 것인가에 대한 질문입니다. 그리고 그 질문에 가장 먼저, 가장 깊이 답해온 영역이 바로 복지입니다.

김성준은 지난 20대와 21대 대통령선거에서 이재명 후보의 당선을 위해 함께 뛰었던 나의 동지입니다. 그는 오랜 시간 사회복지 현장과 정치의 경계에서 고민하고 실천해 온 사람입니다. 인천광역시의원으로서, 그리고 현재 인천사회복지사협회장으로서 그는 늘 같은 질문을 던져왔습니다. 정치는 왜 복지를 중심에 두어야 하는가, 그리고 복지는 왜 정치적 역량을 가져야 하는가.

나는 김성준을 가까이에서 지켜보며 그가 단지 복지를 말하는 정치인이 아니라, 복지로 정치를 다시 정의하려는 실천가임을 확인해왔습니다. 그는 현장의 언어를 정책의 언어로 바꾸는 데 주저함이 없었고, 사회복지사들이 단순한 전달자가 아니라 사회 변화를 이끄는 주체로 서야 한다는 점을 끊임없이 강조해왔습니다. 특히 사회복지사들의 정치적 역량 강화를 위해 고민하고 행동해 온 그의 행보는 이론이 아니라 경험에서 비롯된 것이었습니다.

이 책 『정치는 복지다』에는 김성준이 걸어온 길과 그가 축적해 온 고민의 결과가 담겨 있습니다. 복지를 시혜가 아닌 권리로, 정치를 권력의 기술이 아닌 책임의 영역으로 바라보는 시선은 오늘의 한국 정치가 반드시 회복해야 할 가치이기도 합니다. 정책적 대안을 고민하는 저자로서 김성준의 문제의식과 해법을 나는 신뢰합니다.

복지국가, 기본사회를 향한 길은 거창한 구호가 아니라 이러한 현장의 노력과 실천에서 시작됩니다. 그리고 그 작은 축적들이 모여 국민주권 정부, 이재명 정부의 성공을 떠받치는 단단한 토대가 될 것이라 확신합니다.

정치와 복지를 함께 고민하는 모든 이들에게 이 책을 기꺼이 권합니다.

김 용
전 민주연구원 부원장

차례

추천의 글 3 • 박찬대 국회의원(전 더불어민주당 원내대표)
4 • 박남춘 민선 7기 인천광역시장
6 • 김교흥 국회의원(국회 문화체육관광위원장)
8 • 유동수 국회의원
10 • 허종식 국회의원
12 • 박용진 더불어민주당 20대 21대 국회의원
14 • 남영희 더불어민주당 동구미추홀구을 지역위원회 위원장
16 • 김 용 전 민주연구원 부원장

프롤로그 22 • 다시, 사람을 향해

I 기록은 사실의 궤적이다 29

II 길을 찾는 사람들 39

41 • 다시 인천 주안노인문화센터로 출근, 사회복지 현장의 이야기
46 • 주안노인문화센터에서 배운 존엄
53 • 백혈병 아이들, 그리고 경계 없는 복지
58 • 풀뿌리 나눔의 힘
62 • 현장 기록법

정치를 결심하다 - 현장에서 의회로

67

69 • 사회복지사의 분노, 정치의 문턱 앞에서

73 • 첫 도전

79 • 의회에서 마주한 벽

86 • 의회에서 배운 것

92 • 조례가 된 풍경, 그리고 남겨진 얼굴들

아스팔트의 온기와 종이 한 장의 무게
- 사회복지사 유급 병가와 인권 조례

18도의 바람과 육교의 계단
- 경비원의 휴게실과 보행약자의 이동권

생명을 맞이하는 도시의 예의
- 인천형 공공산후조리원과 아이사랑꿈터

제도의 문턱과 경계 너머의 현장
- 계양 일가족 사건과 미추홀구 형제 화재 그리고 외국인 근로자

생활 환경의 조율과 행정적 책임
- 주물공장 악취와 물류센터 소음

노동의 가치와 생명의 거리
- 지역아동센터 호봉제

섬의 물리적 고립과 생존의 확률
- 여객선 구급차화와 인천형 닥터 카 시스템

패배가 빚어낸 깊이와 또 다른 시작 113

115 • 낙선 직후의 골목길
120 • 인천시사회복지사협회장 선거
126 • 현장을 정책으로 바꾸다
131 • 사회복지사의 삶을 지키다
136 • 일상의 작은 정치
139 • 다시 정치의 길을 바라보다
144 • 신념의 계보, 어머니 그리고 형님

복지와 정치, 두 세계의 대화 153

155 • 정책은 현장에서 태어난다
157 • 제도와 사람 사이의 온도차
161 • 정치가 복지를 배워야 하는 이유
165 • 복지가 정치를 바꾸는 순간

나의 정치 철학 171

173 • 기본소득

179 • 돌봄국가 비전

186 • 지방자치의 힘과 한계

191 • 공존과 연대의 정치

맺는 말 걷는 자의 기록 199

201 • 멈추지 않는 경청, 현장으로 이어지는 길

207 • 대선, 현장에서 길어 올린 기록들

213 • 연대의 보폭, 현장의 온도로 기록하다

218 • 바통을 쥐는 손, 다음 세대를 향한 이정표

223 • 기록, 멈추지 않는 책임의 궤적

기록의 궤적 229

프롤로그

다시, 사람을 향해

정치는 결국 사람에게로 돌아간다. 나는 이 단순한 진리를 신념처럼 붙들고 걸어왔다. 권력은 사람을 떠나는 순간 공허해지고, 정책은 사람의 체온이 사라지는 순간 기계가 된다. 아무리 정교한 제도라도 사람이 느끼지 못하면 그것은 작동하지 않는 구조물일 뿐이다. 정치는 인간의 얼굴을 가진 제도여야 한다. 그래서 나는 정치를 시작한 이래 한 번도 권력이나 자리로부터 의미를 찾으려 하지 않았다. 내가 이 길을 택한 이유는 사람의 마음이 제도 안에서 존중받는 사회를 만들고 싶었기 때문이다. 사람의 존엄을 보장하는 것이야말로 정치의 첫 번째 책무이며, 그 책무를 지키는 것이 나의 일관된 목표였다. 정치는 화려한 언변보다 묵직한 책임감으로 완성된다. 그 책임이야말로 권력보다 오래 남는 유산이다.

정치의 시간은 언제나 치열하고, 동시에 고독했다. 대선 캠프에서 밤을 새워 정책 자료를 검토하던 날들, 사회복지사협회 회의실에서 현장의 목소리를 문장으로 정리하던 시간, 그리고 선거에서 패배해 조용히 사무실 불을 끄던 순간까지—모든 경험은 '사람이 중심에 있어야 한다.'는 신념을 한층 더 단단하게 만들었다. 나는 정치가 감정의 영역이 아니라 제도의 언어로 구성되어야 한다는 사실을 이해하면서도, 그 언어 속에서 사람의 체온이 사라지면 아무리 완벽한 법도 무의미하다는 것을 체험으로 배웠다. 제도는 사람을 위해 존재해야 하며, 정책은 결국 사람의 일상 속에서 완성되어야 한다. 정치의 본질은 권력이 아니라 관계다. 관계를 복원하지 못하는 정치, 사람을 향하지 않는 정치는 오래가지 못한다.

이재명 대통령과의 인연은 그 믿음을 더욱 확고히 했다. 나는 두 번의 대통령 선거에 참여하며 정치는 혼자서 완성할 수 없는 일이라는 사실을 절실히 배웠다. 정치는 연대의 예술이며, 협력의 집합체다. 캠프의 회의실에서 수많은 사람들과 논쟁하고 캠페인을 하면서 나는 '좋은 정치란 혼자의 신념이 아니라 공동의 책임으로 만들어진다.'는 것을 깨달았다. 이재명 후보(현 대통령)는 늘 말했다. "정치는 약자를 위로할 수 있어야 합니다. 위로하지 못하면 그건 정치가 아닙니다." 그 말은 내 정치 인생의 좌표가 되었다. 정치는 누군가의 상처를 대신 아파할 수 있는 공감의 언어로 존재해야 하며, 그 공감이 제도로 옮겨질 때 비로소 국가는 사람의 편이 된다. 두 번의 대선을 거치며 나는 이 믿음을 경험으로 증명했다. 첫 번째 패배는 나에게 정치의 냉정함을

021 2022
있습니다!

가르쳐 주었고, 두 번째 승리는 정치의 가능성을 일깨워주었다. 결국 정치의 승패보다 더 중요한 것은 신뢰였다.

신뢰는 말로 쌓이지 않는다. 신뢰는 시간을 견디며 태도에서 생긴다. 나는 정치가 설득의 기술이 아니라 신뢰의 구축이라는 사실을 오랜 현장을 통해 배웠다. 인천사회복지사협회의 활동도, 의정활동의 경험도 모두 같은 교훈을 남겼다. 신뢰를 잃으면 아무리 완벽한 정책도 작동하지 않는다. 행정의 효율성이 사람의 감정을 배제할 때, 제도는 벽이 되고 정치인은 그 벽 너머의 존재가 된다. 나는 그 벽을 허물기 위해 정치를 시작했다. 시민의 언어를 정치의 언어로 번역하고, 행정의 언어를 사람의 언어로 다시 해석하는 것이 정치의 본질이라고 믿는다. 정책의 성공은 문장에 있지 않고, 그 문장이 삶 속에서 어떻게 이해되고 수용되는가에 달려 있다. 정치인은 해석자가 되어야 한다. 그것이 내가 말하는 '사람 중심의 정치'다.

정치는 늘 현장으로 돌아가야 한다. 현장은 불편하고, 예측 불가능하며, 때로는 정치의 이상과 충돌한다. 그러나 그 충돌 속에서 제도는 수정되고, 정책은 살아 움직인다. 나는 지금도 복지관의 복도와 경로당의 식탁, 사회사회복지사의 현장일지 속에서 정치를 배운다. 시민의 목소리를 들으면 언제나 새로운 의문이 생긴다. '우리는 진짜로 그들의 언어를 이해하고 있는가?' '행정의 효율이 사람의 온도를 대신할 수 있는가?' 나는 그 질문을 놓지 않는다. 정치가 현장을 잃는 순간, 사람은 제도 속에서 고립된다. 정치가 다시 사람을 향하려면, 정치인은 먼저 사람 속으로 들어가야 한다. 나는 여전히 현장으로 향한다. 보고서보다 얼굴을 보고, 통계보다 삶을 본다. 그것이 내가 배운 정치의 기본이다.

걷는다는 것은 멈추지 않겠다는 뜻이다. 멈추지 않겠다는 것은 희망을 포기하지 않겠다는 다짐이다. 나는 지금도 걸음을 멈추지 않는다. 정치는 거대한 개혁의 이름으로 시작되지만, 결국 누군가의 하루를 덜 힘들게 만드는 일로 완성된다. 복지의 현장에서 배운 그 단순한 진리를 정치의 원칙으로 삼았다. 정치의 진정한 가치는 드러나지 않는 위로에 있다. 조례 하나, 예산 하나가 누군가의 삶을 조금 더 따뜻하게 만든다면, 그것이 바로 정치의 존재 이유다. 사람의 마음을 살피지 않는 정치는 아무리 완벽해도 공허하다.

나는 이제 빠른 정치보다는 오래가는 정치를 하고 싶다. 정치의 속도를 늦추고, 방향의 정확성을 높이고 싶다. 그 방향은 언제나 사람이다. 사람을 향한 정치, 사람을 중심에 둔 제도, 사람의 언어로 말하는 행정이야말로 미래 정치가 지향해야 할 본질이다. 정치는 기술이 아니라 태도이며, 권력이 아니라 책임이다. 정치가 태도로 존재할 때, 국가는 시민의 신뢰 위에 선다. 그 신뢰가 무너질 때마다 나는 다시 처음의 마음으로 돌아간다.

어쩌면 나의 정치는 거창한 역사로 남지 않을 것이다. 그러나 그것이 중요하지는 않다. 나는 누군가의 하루를 조금 덜 힘들게 만들었다면 그것으로 충분하다고 믿는다. 한 사람의 삶을 바꾸는 조용한 제도 하나, 이름 없는 사회복지사의 미소, 지역의 아이가 웃으며 등교할 수 있는 환경 하나가 정치의 의미를 완성한다. 정치는 기록보다 기억으로 남아야 한다. 그 기억이 쌓일 때, 사회는 조금 더 따뜻해지고, 정치는 다시 사람을 향하게 된다. 그래서 나는 오늘도 또 한 걸음을 내딛는다. 이 길의 끝이 어디인지는 모른다. 그러나 나는 확신한다. 그 길의 끝에는 언제나 사람이 있고, 그 사람 곁에 내가 있다. 사람 곁에서 사람을 위해 일하는 정치, 그것이 나의 정치의 마지막 문장이다. 나는 여전히 걷고 있으며, 앞으로도 멈추지 않을 것이다. 멈추지 않는 걸음이 세상을 바꾸고, 그 걸음이 다음 세대의 희망이 된다면, 그것으로 충분하다.

I

기록은
사실의 궤적이다

나는 오래전부터 기록하는 일을 해왔다. 그러나 그 기록은 늘 나 자신에 대한 것이 아니었다. 의회 회의록의 한 문장, 조례 안에 들어가는 단어 하나, 시정 질의에서 남겨진 질의서 초안, 복지 현장에서 사회복지사들과 나누었던 회의 메모까지. 그 안에는 언제나 다른 사람들의 이름과 사연이 있었다. 누군가의 사적인 고통이 공적 의제가 되어야 할 때, 나는 그 고통을 정리하고 근거를 붙여 '정책 언어'로 번역하는 역할을 해왔다. 어떤 날은 아파트 경비원의 휴게실 온도였고, 어떤 날은 항암 치료 중인 아이의 부모가 당장 일터로 돌아갈 수 없는 사정이었다. 그들은 제도의 변두리에 서 있었고, 그들의 사정은 일반적인 행정 보고서 안에 담기지 않았다. 그래서 나는 메모하고 기록했다. 기록은 그들을 제도의 안쪽으로 데려오는 유일한 통로였기 때문이다.

내가 보낸 많은 시간은 질문을 문장으로 만드는 작업이었다. "이건 너무 부당합니다."라는 호소를 "이는 현행 제도 어디에도 반영되지 않은 사각지대입니다."라는 표현으로 바꿔야 했다. 정치와 행정의 세계에서는 감정만으로는 움직일 수 없고, 움직이지 않는다. 기록은 감정을 근거로 바꾼다. 나는 현장에서 받은 말들을 정리하고, 날짜를 적고, 시간과 장소, 담당기관, (가능하면) 예산 코드까지 함께 붙였다. 그렇게 문장화된 문제는 '개인의 사연'이 아니라 '제도의 공백'이 된다. 그 공백이 커질수록 설득의 힘도 커진다. 정치가 움직이기 시작하는 순간은 대개 거기서 나온다. 그래서 내게 기록은 습관이 아니라, 도구였다. 말은 설득을 만들지만, 기록은 변화를 만든다. 정치는 말의 영역이라고들 말하지만, 나는 정치가 결국 기록으로 평가받는 일이라고 생각한다.

기록을 신뢰하게 된 데에는 한 가지 이유가 있다. 말은 바람과 같아서 사람마다 다르게 전해질 수 있지만, 기록은 다음 세대의 판단을 견뎌야하기 때문이다. 그 자리에서 박수 받는 말은 다음 날이면 사라질 수 있다. 그러나 회의록의 한 줄, 조례안 한 조항은 수년 후에도 남는다. 시민 누구든 다시 꺼내들어 "그때 당신은 이렇게 말했다."고 묻는다. 정치는 결국 책임의 구조 안에 놓여야 하고, 책임은 기록을 통해 남는다. 나는 그 책임을 피하고 싶지 않다. 그래서 혹은 그 때문에 이 책을 쓴다.

나는 사회복지사로 시작했다. 현장에서 마주한 사람들은 행정에서 말하는 '대상자'가 아니었다. 모두 자기 이름을 가진 한 사람의 시민이었고, 각자 자기만의 무너짐과 버팀을 동시에 안고 있었다. 서류상으로는 '지원 가능', '지원 불가'로 나뉘는 사람들이었지만, 그 사이에는 엄청난 삶의 온도 차이가 있었다. 혼자 사는 노인의 경우 '기초생활수급자 여부'로 가난 여부가 판단되지만, 실제로는 전기요금 때문에 겨울에 전기장판을 꺼놓고 잔다든지, 병원에 갈 차비가 없어서 통증을 그냥 참고 있는 경우가 있었다. 서류와 삶은 늘 어긋나 있었다. 나는 행정이 사용하는 언어가 시민이 실제로 겪는 삶을 설명해주지 못한다는 걸 일찍 깨달았다. 그래서 결국 정치를 선택했다. 행정의 언어와 삶의 언어 사이의 간극을 줄이는 일, 그것이 내가 할 수 있는 일이라고 생각했다.

정치로 들어가기 전, 그리고 의정활동을 시작한 이후에도 나는 사람을 먼저 보고 제도를 그 다음에 봤다. 어떤 사람은 내게 "정치인은 숫자를 봐야 한다."고 충고했다. 맞는 말이다. 예산을 이해하지 못하면 제도를 바꿀 수 없고, 제도를 몰라도 결국 사람을 지킬 수 없다. 그러나 나는 이렇게 생각했다. 숫자보다 먼저 사람이 있었다. 숫자는 사람이 모여 만들어진 결과일 뿐이다. 내가 발의했던 조례안들, 내가 집요하게 다뤘던 현안들 뒤에는 늘 구체적인 얼굴이 있었다. 아파트 경비실에서 하루에 수십 번씩 욕설을 들으면서도 해고가 두려워 참고 있는 노인 경비원, 출산 직후 산후조리조차 제대로 지원받지 못한 채 회복 없이 일터로 복귀하는 산모, 섬 지역이라 응급실까지 가는 데 한참이 걸리는 현지. 이 얼굴들을 똑바로 직시하면, 결국 질문은 한 가지로 모인다. "지금 이 사람이 최소한의 존엄을 지킬 수 있도록 우리는 무엇을 해야 하는가." 이 질문에서 정치가 출발해야 하고, 그렇지 않을 경우 그 정치는 방향을 잃는다.

나는 지금도 이렇게 말한다. "외교의 꽃은 평화이고, 정치의 꽃은 복지다."라고. 외교가 전쟁을 막고 국민의 안전과 국가의

체면을 지키는 일이라면, 정치는 더 직접적으로 사람의 삶을 지켜야 한다. 정치는 멀리 있는 것을 말하는 것처럼 보이지만, 사실은 가장 가까운 것을 다룬다. 한 가정이 다음 달을 버틸 수 있는가, 한 노인이 혼자 있는 밤을 안전하게 보낼 수 있는가, 아이가 아픈 날 부모가 회사를 나가지 않고 곁에 있을 수 있는가. 복지라는 단어 안에는 이런 질문이 모두 들어가 있다. 복지는 '도와주는 제도'가 아니라 '존엄을 유지하게 하는 사회의 합의'다. 그리고 그 합의가 지켜질 때, 정치는 공허하지 않다. 그래서 나는 복지를 정치의 꽃이라고 부른다.

물론 이 길이 순탄했던 것은 아니다. 선거에서 떨어진 경험도 있다. 눈앞에서 숫자가 갈리는 걸 보는 일, 개표 화면에 자신의 이름 옆에 '낙선' 두 글자가 박히는 장면을 보는 일은 생각보다 훨씬 더 정밀하게 사람의 내부를 흔든다. 나는 그 순간 한 사람의 정치인으로서의 시간을 마감하고, 다시 한 사람의 시민으로 돌아왔다. 정치라는 세계는 냉정했고, 그 냉정함은 결과로 말한다. 그러나 그 순간 이후, 조용히 찾아오는 시간은 의외로 다르게 흘러갔다. 패배라는 단어가 가라앉고 나면, 오히려 한 가지 질문이 남는다. "너는 왜 시작했는가. 그리고 왜 아직 멈추지 않는가." 그 질문에서 나는 다시 한 번 내가 어디에 서 있어야 하는지를 확인했다. 낙선은 나를 멈춰 세우지 않았다. 오히려 방향을 더 분명하게 만들었다. 낙선 이후 나는 다시 현장으로 돌아갔다. 사회복지사로서의 출발점이었던 현장으로. 그리고 인천

사회복지사협회의 일로 자연스럽게 다시 들어갔다. 많은 이들이 정치에서 물러나면 현업으로 복귀했다고 말하지만, 내가 느낀 건 복귀가 아니라 전환이었다. 의회에서 하던 일과 협회에서 하는 일은 형식이 다를 뿐 본질적으로 같은 목적을 가진다. 사람의 삶을 제도적으로 지켜내기 위한 싸움이라는 점에서 그렇다. 다만 차이가 있다면, 의회에서는 '정책'을 통해 그 싸움을 했다면, 협회에서는 '현장'을 통해 하고 있다는 것이다. 한쪽은 제도를 움직이는 자리고, 다른 한쪽은 그 제도가 실제로 작동하는지 끝까지 지켜보는 자리다. 나는 두 자리가 모두 필요하다고 믿는다. 복지는 국회나 시의회, 구의회에서만 태어나는 것도 아니고, 현장에만 머무는 것도 아니다. 복지는 이 둘이 연결될 때 현실이 된다.

내가 살아온 시간은 직선이 아니었다. 사회복지사로 시작해 광역의원이 되었고, 다시 현장의 협회장으로 돌아왔으며, 지금은 다시 복지를 정치로 끌어올리는 새로운 출발을 준비하고 있다. 이 과정은 한 번도 곧고 편안한 길이 아니었다. 어떤 날은 의회의 복도 끝에서 멈췄고, 어떤 날은 병원 복도 끝에서 서서히 되돌아왔다. 어떤 날은 "그건 시 예산에서 불가능합니다."라는 말을 들으며 자리를 지켜야 했고, 어떤 날은 "우리는 더는 못 버팁니다."라는 현장의 호소를 직접 받아 적어야 했다. 이 모든 순간은 나에게 한 가지 사실을 반복해서 확인시켰다. 정책의 표준안보다 사람의 체온이 더 정확한 나침반이라는 사실이다. 행

정은 표준을 말하지만, 사람은 체온으로 반응한다. 내가 믿는 정치는 표준만을 지키는 정치가 아니다. 사람의 체온까지 책임지는 정치다.

이 책은 그래서 단순한 회고록이 아니다. 나는 나 자신을 미화할 생각이 없다. 이 책은 '이게 맞다'고 말하려는 책이 아니다. 오히려 나는 이 책을 통해 나 스스로에게도 다시 묻고 싶다. 우리는 정말 충분히 싸웠는가. 정말 충분히 설득했는가. 정말 충분히 버텼는가. 복지는 선언만으로 완성되지 않는다. 복지는 싸움과 설득과 버팀의 역사다. 그 역사를 제대로 적어두지 않으면, 다음 세대가 다시 같은 지점에서 같은 방식으로 부딪힌다. 그건 낭비이기도 하고 불공정이기도 하다. 그래서 기록을 남겨야 한다. 기록은 다음 세대에게 남기는 인수인계서다. 기록을 나를 위해 남기지 않는다. 내 곁을 지켜온 동료 사회복지사들, 현장에서 함께 버텨준 종사자들, 내 말을 믿고 기다려준 시민들, 그리고 지금 이 길 위에서 고민하고 있는 누군가에게 전하고 싶다. 복지는 특정 직업군의 문제가 아니다. 복지는 모든 시민이 인간답게 살 수 있는 조건을 어떻게 공적으로 보장할 것인가에 대한 사회적 합의다. 그 합의가 유지되는가, 무너지는가는 결국 정치의 방향에 달려 있다. 그래서 나는 여전히 정치를 이야기한다. 복지를 이야기하면 결국 정치를 말하게 된다. 둘은 떨어져 있지 않다.

나는 지금도 여전히 걷고 있다. 걷는다는 것은 멈추지 않는다는 뜻이다. 그리고 기록한다는 것은 언젠가 누군가가 이 길을 다시 이어 걷게 되리라는 믿음을 표현하는 일이라고 생각한다. 나의 기록은 끝난 싸움의 보고서가 아니다. 아직 끝나지 않은 싸움의 인계서다. 이 책은 그 인계서의 첫 장이다.

II

길을 찾는 사람

다시 인천 주안노인문화센터로 출근,
사회복지 현장의 이야기

주안노인문화센터에서 배운 존엄

백혈병 아이들, 그리고 경계 없는 복지

풀뿌리 나눔의 힘

현장 기록법

다시 인천 주안노인문화센터로 출근, 사회복지 현장의 이야기

사회복지 일을 시작하고 난 뒤 나는 한 번도 '안정적인 자리'라는 말을 스스로에게 건네 본 적이 없다. 인천에서 출발했지만 오래 머물지 못했고, 생활은 인천에 두고 몸만 서울과 경기도, 때로는 강원도까지 왔다 갔다 해야 하는 시기가 길었다. 인천의 복지 현장이 그만큼 열악했다는 이야기이기도 하다. 당시 인천의 임금 수준은 서울·경기보다 낮았고, 근무환경은 그 부족을 개인의 헌신으로 메우는 방식 위에 서 있었다. 그래서 많은 인천 출신 사회복지사들이 다른 지역으로 빠져나갔다. 현실적으로 임금을 맞추려면 서울로 가야 했고, 고용안정을 원하면 경기도의 굵직한 시설로 옮겨야 했다. 인천은 일종의 "출발지"로만 취급되곤 했다. 나 역시 그 흐름에서 완전히 자유롭지 못했다.

그런 흐름 속에서 다시 인천 미추홀구(당시 남구) 주안노인문화센터 시설장으로 들어가게 된 날은 단순한 발령 이상의 의미가 있었다. '돌아왔다.'는 말보다는 '돌아가도 된다.'는 허락을 받은 것처럼 느껴졌다. 출근 첫날, 센터 현관을 밀고 들어가면서 가장 먼저 들었던 생각은 "이 건물은 애초에 복지 공간으로 지어진 곳이 아니구나."였다. 주안노인문화센터는 원래 복지관으로 설계된 건물이 아니었다. 과거 교통관제를 담당하던 경찰의 부속 공간을 리모델링한 곳이었기 때문에 복지 시설 특유의 완충된 동선이나 접근성 배려 같은 것들이 구조적으로 부족했다. 센터라는 이름은 달았지만 여전히 '관공서 건물의 표정'을 지우지 못한 상태였다. 좁은 복도, 낡은 창틀, 각 실마다 다른 온도 편차. 한마디로 말하면 "사람을 오래 머물게 하도록 만들어진 곳은 아니다"였다. 그런데 바로 그 공간에 어르신들이 매일 수

백 명씩 드나드는 노인복지의 소중한 현장이 되었다.

사무실에 들어가자 낡은 화이트보드 하나가 눈에 들어왔다. 오래된 자국들이 완전히 지워지지 않은 채 겹겹이 쌓여 있는 판이었다. 그 위에 '오늘 할 일'이 적혀 있었다. "○○행사 안내 공지 / 지도점검 관련 자료 정리 / 시설장 교체 인수인계 / 내부 문서 정비 / 경로식당 동선 조정 논의" 같은 적나라한 단어들이 줄을 이루고 있었다. 거창한 표현은 하나도 없었다. "혁신"도 없고 "비전"도 없었다. 대신 "정리", "준비", "조정", "인수인계"가 있었다. 나는 그걸 보고 이런 생각을 했다. 복지 현장에서 우리가 하는 일은, 누군가의 생활이 무너지지 않도록 매일 조금씩 기왓장을 다시 얹는 일에 가깝다. 오늘 할 일은 대단해 보이지 않는다. 그런데 그 일을 안 하면, 누군가는 내일 바로 무너진다. 결국 '기본을 유지한다.'는 말이 결코 작은 말이 아니라는 걸 이 업계 사람들은 몸으로 안다.

그런 생각을 하고 있는데, 센터장실 문이 조심스럽게 열렸다. 두어 분의 어르신이 내가 앉아 있는 걸 확인하더니 문을 활짝 열고 들어오셨다. 마치 자기 집처럼 자연스러운 그 동작 하나가 이 공간의 성격을 설명해줬다. 복지관은 행정기관이 아니라 이용공간이라는 것. 한 분이 나를 쓱 보며 말했다. "이번엔 젊은 센터장님이시네?" 그 말엔 반가움, 경계, 기대가 다 들어 있었다. 나는 바로 일어나 인사했다. "네, 김성준입니다. 앞으로 잘

부탁드립니다. 차 한 잔 하시죠." 그날은 반나절이 그렇게 갔다. 차를 따르고, 이름을 묻고, 다시 불러보고, 어떤 프로그램에 다니시는지 여쭙고, 불편한 건 없는지 듣는 일의 반복이었다. 그 중 한 어르신은 자기 얘기를 길게 하다가 이런 말을 했다. "여긴 내가 올 데가 여기밖에 없으니까 자주 와." 나는 그 말을 그대로 적었다. '이곳은 서비스 기관이 아니라 어르신들의 소중한 생활 기반이다.'

하루가 끝날 무렵 나는 업무일지 첫 줄에 이렇게 적었다. "이곳에서 내가 해야 할 첫 번째 일은 '기억하는 일'이다. 이름을 기억하고, 얼굴을 기억하고, 불편했던 이야기를 기억하는 일."

복지는 종종 제도의 언어로만 설명되지만, 실제로 복지는 기억의 연속이다. 행정은 '몇 명에게 무엇을 제공했는가?'를 묻는다. 그러나 현장은 '이 사람에게 어떤 하루를 남겼는가?'를 묻는다. 나는 이 차이를 현장에서부터 똑바로 붙잡아야 한다고 생각했다. 그래야 이후에 내가 정치로 가는 이유가 설명 가능해지기 때문이다. 다시 말해, 내가 정치에 뛰어든 건 권력을 얻기 위해서가 아니라, 이 기억을 제도 언어로 번역하려는 시도였다.

주안노인문화센터에서 배운 존엄

주안노인문화센터의 하루는 통계로 요약하면 간단하다. 하루 평균 500명 이상 이용. 경로식당 운영. 평생교육 프로그램 수십 개. 취미·건강·문화·교류 기능 제공. 행정 보고서는 이 정도로 정리된다. 하지만 현장에 서 있는 사람은 같은 하루를 다른 식으로 묘사한다. "아침 9시에 같은 테이블에 앉는 분들끼리 서로의 안부를 확인한다. 점심시간 이전에 이미 두세 번의 사소한 충돌이 있다. 그 충돌은 식당 의자 자리 문제에서 시작되지만 실제로는 건강의 악화, 고립감, 그리고 우울감에서 비롯된다. 오후 프로그램은 배움의 시간이기도 하지만 '혼자 있지 않을 수 있는 이유'의 확보이기도 하다." 이건 행정 언어로 옮길 수 없는 영역이다. 그러나 이 영역이 복지의 실체다.

복지관을 운영하면서 내가 처음 부딪친 문제는 "누구의 목소리를 기준으로 운영할 것인가?"였다. 요구 사항은 많았다. 어떤 분은 식당 배식 온도를 문제 삼았고, 어떤 분은 프로그램 시간이 겹친다고 말했다. 또 어떤 분은 "강사 말투가 마음에 안 든다."고 했다. 이런 요구는 겉으로 보면 '민원'으로 분류된다. 하지만 면밀히 들어보면, 이 요구는 "나는 이 공간에서 어떤 존재로 대우받고 있는가?"라는 질문으로 귀결된다. 불만은 존엄을 확인받고 싶은 마음의 다른 표현이다. 이게 해결되지 않으면 복지관은 금세 갈등 구도로 빠진다. "저 사람은 왜 저렇게 요구가 많아?" 같은 뒷말이 생기기 시작하면 공동체는 균열이 난다.

그래서 나는 구조를 바꾸기로 했다. 우리가 흔히 청소년이나 대학생 공간에서 사용하는 것과 비슷한 '대표체계'를 어르신들에게도 도입했다. 하루에도 수십 개의 프로그램이 돌아가고 있었기 때문에, 각 반마다 '반장'을 뽑도록 했다. 누구를 세울지는 구성원들이 직접 투표해서 결정하게 했다. 반장들이 한자리에 모여 회장과 부회장, 감사 등 임원단을 꾸렸다. 쉽게 말해 복지관 내부에 '어르신 학생회'를 만든 셈이다. 처음에는 내부에서도, 외부에서도 우려가 컸다. "괜히 정치화되는 것 아니냐.", "괜히 갈등 구조만 키우는 것 아니냐.", "어르신들끼리 선거하게 하면 감정 상하지 않겠느냐." 모두 그럴듯한 우려였다. 그런데 실제로는 정반대 결과가 나왔다.

첫째, 민원이 줄었다. 민원이 사라졌다는 말이 아니다. 방식이 바뀌었다. 예전엔 "왜 이거 안 해주나?"로 시작하던 이야기가 "다음 분기 프로그램 배정을 이렇게 조정하면 어떻겠느냐?"

로 올라왔다. 표현부터 달라졌다. 감정의 언어에서 제안의 언어로, 요구의 언어에서 책임의 언어로 전환된 것이다. 둘째, 책임이 생겼다. '대표로 뽑힌 사람'이라는 인식은 어르신들을 단순 이용자에서 참여자이자 운영 주체로 바꿨다. "이 문제는 내가 회의 때 안건으로 올려볼게."라는 말을 실제로 들었을 때, 나는 이 조직이 이제 '복지 서비스 소비자 집단'이 아니라 '자기 규칙을 만들어가는 공동체'로 이동하고 있음을 느꼈다. 셋째, 자존감이 올라갔다. 임원으로 뽑힌 분들에게 명함을 만들어 드렸다. 대부분 생애 처음 받아보는 명함이었다. 한 분은 그 명함을 하루 종일 주머니에서 꺼내 보며 이렇게 말했다. "이 나이에 내가 다시 누군가에게 '저는 이런 사람입니다.'라고 보여줄 게 생길 줄은 몰랐어." 그 말 하나로 모든 설명은 충분했다.

여기서 중요한 건 존엄이다. 많은 경우 우리는 노인복지를 "돌봄"과 "배려" 중심의 언어로만 설명한다. 하지만 현장에서 보면 그건 절반만 맞다. 나머지 절반은 "존재의 재확인"이다. 누군가의 이름이 불리고, 역할이 주어지고, 그 역할이 다른 이들에게 인정받을 때, 사람은 스스로를 다시 사회 안에 위치시킨다. 이는 단순히 친절하게 대하는 차원이 아니라, 구조적으로 "나는 아직 사회의 구성원이다."라는 자각을 회복시키는 일이다.이 철학은 프로그램 운영에도 그대로 이어졌다. 주안노인문화센터는 당시 노인 일자리 사업을 다르게 접근해보려고 했다. 단순히 특정 장소로 나가 근무시간을 채우고 보수를 받는 방식에서 한 걸음 나아가, 어르신들의 삶의 경험과 사회적 경륜을 지역의 돌봄 구조 속으로 연결하는 모델을 구상했다. 그 결과가 '어르신 마을돌봄학교'였다. 우리 내부에서는 '경륜 전수형님 일자리'라고 불렀다. 행정에서는 "대상자 모집"이라는 말을 즐겨 쓴다. 나는 그 표현이 늘 마음에 걸렸다. 그래서 그렇게 쓰지 않았다. 대신 "선생님을 모십니다."라는 표현을 썼다. 언어 선택은 단순한 정서 문제가 아니었다. 자리의 위상을 정하는 일이고, 역할에 대한 기대치를 정하는 일이었다. 선생님으로 모신다는 말은 곧 "당신이 가진 경험은 지금도 유효하고 사회적으로 필요하다."라는 선언이다.

실제로 많은 어르신이 '선생님'이 됐다. 어떤 분은 어린이집에 가서 낮잠 시간을 도와주는 역할을 맡았다. 우리는 그분들

을 '꿀잠 지도사'라고 불렀다. 단지 아이를 '재우는 사람'이 아니라, 아이의 하루를 안정시키는 안전한 어른이라는 의미였다. 또 어떤 분은 영유아 베이비 마사지, 청결교육, 구전동화 전달 역할을 맡았다. 이 과정은 과정 자체가 자격이었다. 우리는 수료증이 아니라 '자격증'을 드렸다. 그리고 어린이집 측에도 '어르신 선생님 오십니다.'라고 안내하도록 요청했다. 그 호칭의 변화가 실제 대우를 바꿨고, 그 대우의 변화가 어르신들의 자세를 바꿨다. 어떤 분은 돌아오며 "내가 오늘 교사 대접을 받았어."라고 말했다. '대접'이라는 단어 속에는 감정, 자부심, 안도감, 그리고 사회적 위치의 회복이 전부 들어 있었다.

문화 활동에서도 비슷한 변화가 있었다. 우리 센터는 강의실 한 구석을 무대처럼 쓰기 시작했다. 소규모 조명, 간이 마이크, 의자 몇 개. 그렇게 시작된 게 '소금꽃유랑극단'이다. 초기 연습 때 한 어르신은 대사를 손에 적어놓고 읽다가 손이 떨려 제대로 소리를 내지 못했다. 그런데 연습이 쌓이자 그 어르신이 종이를 내려놓고 자기 이야기를 자기 목소리로 말하기 시작했다. 그건 단순히 연기력이 늘었다는 뜻이 아니었다. 자신의 생애 경험—젊은 시절의 노동, 결혼 이후의 희생, 전쟁 직후의 생존, 아이들 키우느라 감당했던 감정적 노동—이 공적인 무대 위에서 '하나의 이야기'로 받아들여진 순간이었다. "젊었을 땐 누구도 내 얘길 안 물어봤어. 그런데 여기선 묻더군. 그때의 내가 어땠냐고." 그 말은 조명보다 강했다. 나는 이 장면을 보고 나서부터 '노인복지'라는 말을 다르게 이해하게 됐다. 노인복지는 단순히 돌봄과 지원이 아니라, 생애 전체의 존엄을 재공인하는 과정이라는 것을.

합창단의 일화도 비슷하다. 우리는 합창단을 꾸리면서 '오디션'을 봤다. 탈락자를 만들기 위한 오디션이 아니라, 어떤 음색을 어느 파트에 배치하면 좋을지 파악하기 위한 자리였다. 그런데 어르신들은 이 오디션을 무척 진지하게 받아들였다. 머리를 하고 오고, 화장을 하고 오고, 옷을 다려 입고 왔다. "내가 나이를 이렇게 먹고 이런 자리에 서보네."라고 말하며 웃는 얼굴에는 설렘이 있었다. 그렇게 구성된 합창단이 '어느 60대 노부부

이야기', '모란동백'을 부른 날, 그 공간은 단순히 프로그램 공간이 아니었다. 거기엔 사랑, 상실, 후회, 감사, 미안함, 그리고 버텨낸 시간 전부가 얽혀 있었다. 객석도 울었고 무대 위도 울었다. 나는 그 장면을 잊지 못한다. 그 순간만큼은 모두가 자기 삶을 존중받고 있다는 사실을 확인했기 때문이다. 이 모든 과정을 행정은 숫자로 요청한다. 참여 인원, 진행 횟수, 만족도 평균치. 심지어 "타 기관 대비 차별화 요소"라는 항목도 있다. 나는 그 표 아래에 늘 짧은 서사 한 줄을 붙였다. "○월 ○일, ○○어르신이 생애 처음으로 마이크를 잡았다. '나는 살려고 살아온 게 아니었다. 버티다 보니 여기까진 왔다.'라고 말했다." 예산 심의 자리에서 담당자가 그 문장을 읽고 잠시 말을 멈추는 모습을 몇 번 봤다. 그때마다 느꼈다. 숫자는 제도를 움직인다. 그러나 사람의 얼굴은 제도의 방향을 움직인다. 그래서 나는 보고서를 '숫자와 얼굴 사이의 다리'라고 생각했다. 이 다리를 놓아주지 않으면, 복지는 곧장 행정 문서 속에서 메말라 버린다.

백혈병 아이들,
그리고 경계 없는 복지

백혈병·소아암 환아들의 치료비, 정서, 교육 지원 업무를 맡게 된 건, 내 인생에서 복지를 다시 정의하게 된 결정적인 순간이었다. 그곳은 기존 복지관과는 공기가 완전히 달랐다. 복지관이 '모이는 공간'이라면, 병동은 '버티는 공간'이었다. 사무실 벽에는 아이들이 그린 그림이 잔뜩 붙어 있었다. 파란색과 초록색이 유독 많았다. 우리는 이유를 알고 있었다. 항암 치료를 받는 아이가 병실에서 가장 오래 보게 되는 건 하늘과 나무밖에 없기 때문이다. 그 색은 바깥세상에 대한 기억이자 희망이었다.

병실 문을 열면 소독약 냄새와 기계음이 동시에 밀려온다. 아이들은 링거대를 끌고 다니면서도 장난감을 굴리고, 장난감을 굴리면서도 웃는다. 그 웃음은 이상할 정도로 분명하다. 아이들은, 의외로, 지금 이 순간에 집중하는 힘이 있다. 문제는 부모의 쪽이다. 부모들은 아이보다 더 지쳐 있다. 의사 면담을 듣고 나와 복도 의자에 잠깐 앉았다가, 바로 다시 보험사와 통화

하고, 병원비 계산서를 들고 계산대와 병실을 오간다. 그러다 복도 벤치에서 잠깐 고개를 떨어뜨린 채 잠든다. 구겨진 와이셔츠 소매, 손에 그대로 쥔 영수증 뭉치, 반쯤 남긴 종이컵 커피. 나는 그 장면을 여러 번 봤다. 그 장면에서 사회적 언어로 말하자면 '필요한 것은 긴급 치료비 지원'이지만, 사람의 언어로 말하자면 '지금 이 사람이 무너지지 않도록 받쳐줄 제도적 손'이다.

그 경험을 통해 나는 복지의 시간 개념을 완전히 다시 짜게 됐다. 행정은 흔히 위기 상황을 '긴급지원'으로 대응한다. 불이 난 집에 소방차를 보내는 식이다. 행정은 이 방식을 선호한다. 눈에 보이고, 빠르고, 성과가 수치화되기 때문이다. 그런데 그다음은 어떻게 할 것인가. 불은 껐다. 하지만 그 집은 이미 반쯤 타버렸다. 누가 그 집을 다시 세울 것인가. 어디까지를 복지라고 부를 것인가. 행정은 여기서 손을 뗀다. 바로 이 지점에서 가족은 무너진다. 위기 이후의 복구 과정 전부가 사실상 가족 개인의 부담으로 돌아가기 때문이다.

우리는 이 간극을 메우고 싶었다. 그래서 긴급지원금 지급만으로는 충분하지 않다고 보고, '가족 회복 패키지'라는 개념을 고민했다. 하나의 아이를 돕는 것에서 멈추지 않고, 그 아이가 속한 가정 전체가 무너지지 않도록 받쳐주는 방식이다. 예를 들어 부모의 경제활동 복귀를 돕는 유연근무 연계와 단기 돌봄 인력 지원, 항암 치료를 받는 아이의 형제자매가 학업을 중단하지 않도록 하는 소규모 장학·돌봄 결합 지원 같은 방식이다. 의료비라는 한 단어가 아니라 '생활 유지'라는 총체적 프레임으로 문제를 다루는 시도였다.

이 과정에서 특히 크게 배운 점이 있다. 행정은 대상을 분류하는 데 익숙하다. "취약계층 아동", "한 부모 가정", "저소득 노인 가구" 같은 용어들은 행정 집행의 효율을 위해 만들어진 명칭들이다. 그런데 실제 삶은 그 분류대로 흘러가지 않는다. 예를 들어 한 가정은 '한부모'이면서 '장기 치료 아동 가정'이고, 동시에 '주거 불안 가구'일 수 있다. 그런데 이 가정이 각 제도에서 "당신은 우리 지원 대상이 아닙니다."라는 답을 반복해서 듣는 경우도 많다. 제도의 경계가 겹치는 지점이 가장 취약한 곳

인데, 바로 그 지점에서 사회는 비어 있다. 그걸 보며 나는 메모장에 같은 문장을 여러 번 썼다. "복지는 경계를 모른다." 나중에 내가 정치에 나서며 가장 먼저 꺼낸 말이 이 문장이었다. 복지를 '대상별 서비스'로만 이해하는 순간, 복지는 현실에서 누수를 일으킨다. 복지는 인간 전체를 다뤄야 하고, 가족 전체를 다뤄야 하고, 삶의 전체 맥락을 다뤄야 한다. 복지가 거기까지 가지 못하면, 복지는 중간에서 끊긴다. 그리고 그 끊김의 고통은 언제나 개인 몫이 된다.

이런 문제의식은 뒤에 내가 조례를 만들고 시정 질의를 할 때 핵심 논리로 연결됐다. 예산은 금액의 문제가 아니라 방향의 문제라는 생각이 여기서 자리 잡았다. "얼마나 줄 것인가"보다 "어디에 닿을 것인가"가 더 중요하다는 감각이다. 복지의 목표는 숫자 조정이 아니라 붕괴 방지라는 것, 이걸 나는 현장에서 배웠다.

풀뿌리 나눔의 힘

복지는 행정만으로는 완성되지 않는다. 이 말은 이미 많이들 한다. 하지만 실제로 그것이 무슨 뜻인지 직접 목격하는 건 전혀 다른 경험이었다. 미추홀구에서 시작된 학산나눔재단은 행정 밖에서 복지를 실험한 대표적인 모델 중 하나다. 지역의 사회복지계 어르신이며, 스승이신 김영길 이사장님께서 주도하시고, 나는 재단 설립에 조력을 했다. 취지는 단순했다. "지역 문제를 지역 안에서 해결하자." 이 말은 들으면 누구나 고개를 끄덕일 수 있다. 그러나 실제로 이를 구조화하려면 두 가지 벽을 넘어야 한다. 첫째, 돈을 어떻게 모으고 쓸 것인가. 둘째, 신뢰를 어떻게 유지할 것인가.

학산나눔재단은 소액 기부를 기본단위로 삼았다. 거창한 기업 후원이나 대규모 사업 지원이 아니라, 동네 주민과 지역 단위 조직들이 조금씩 낸 돈을 모았다. 그 돈은 다시 동네 안으로 돌아갔다. 겨울철에는 난방비를 제때 내지 못하는 집에 지원이

갔다. 김장철엔 김장김치가 집집마다 전달됐다. 그런데 이 지원은 단순한 생필품 전달이 아니었다. 지원 그 자체가 방문 행위였다. 초인종을 누르고 문을 열고 "김치 드리러 왔습니다."라고 말하는 순간, 사실은 김치가 아니라 안부를 전하는 것이고, 그 안부를 통해 생활 조건을 확인하는 것이다. 어느 어르신은 김치를 건네받고도 내려놓지 못한 채 이렇게 말했다. "김치도 고맙지만… 나를 이름으로 부르는 사람이 요즘 없어요." 그 문장은 행정 보고서 어디에도 들어갈 수 없는 언어지만, 복지의 본질을 그대로 드러낸다. 복지는 물건 이전에 관계다. 복지는 예산 이전에 연결이다.

재단의 배분위원회 회의는 행정의 심사 회의와 달랐다. 행정은 서류에서 출발해 서류로 끝난다. 재단은 서류를 보되, 결국 사람의 이야기를 기준으로 삼았다. "이 가정은 난방비가 늘 모자랍니다. 애가 감기에 잘 걸리는데, 방이 너무 춥습니다." "이 집은 보호자가 있긴 한데 실제 돌봄은 이루어지지 않습니다. 사실상 독거에 가깝습니다." 정량 지표로만 보면 우선순위를 판단하기 어렵지만, 지역은 그 집의 생활 패턴을 안다. 이건 행정이 가지기 힘든 정보다. 이 구조의 장점은 두 가지였다. 첫째, 아주 작은 돈도 정확하게 쓰였다. 둘째, 지원이 단발로 끊기지 않았다. 한 번 도운 집을 꾸준히 방문하며 상황의 변화를 추적할 수 있었다. 이것은 복지가 단순히 "주었다, 끝났다"가 아니라 "계속 본다."가 되어야 한다는 걸 보여준다.

또 하나 기억에 남는 인연은 수미정사 종연 스님과의 대화다. 종연 스님은 늘 이런 말씀을 하셨다. "절은 절을 키우기 위해 있는 게 아닙니다. 신도님들이 보시한 돈은 지역 어르신들, 아이들을 위해 쓰겠습니다. 절 규모를 키우는 불사가 아니라 사람을 위한 불사를 해야 합니다." 그 말은 단순히 따뜻한 선언이 아니었다. 실제로 그렇게 운영하고 계셨다. 나는 그 말씀을 들으며 이런 제안을 드렸다. "스님, 이건 이미 사회복지사업입니다. 법인을 만드셔야 합니다. 그래야 보다 체계적으로, 지속적으로 할 수 있습니다." 이후 설립된 온세상나눔재단은 행정이 닿지 못하는 사각지대, 특히 긴급하지만 행정적으로 분류되지 않는 영역을 책임감 있게 메웠다. 나는 이 경험을 통해 '민民의 복지'와

'관官의 복지'가 각각 가진 장단점을 비교하게 됐다. 민은 빠르게 움직인다. 대신 장기 지속성은 약하다. 관은 느리지만 한 번 제도화되면 오래 간다. 가장 좋은 복지는 이 둘이 만나는 지점에서 나온다. 민의 민첩함과 관의 지속성을 연결해 하나의 구조로 만드는 것, 이것이야말로 지역복지의 미래라고 나는 믿는다.

현장 기록법

현장에서 일할 때 나는 항상 작은 수첩을 들고 다녔다. 그 수첩에는 날짜와 동네 이름, 이니셜, 그리고 아주 짧은 서술이 적혔다. "○○동. 독거. 전기요금 밀림. 한파 대비 불가." "△△아파트 경비실. 야간 난방 미비. 휴게공간 온도 18도." 이런 기록은 나에게 두 가지 기능을 했다. 첫째, 잊지 않게 해줬다. 복지 현장은 하루에도 여러 민원을 만나고, 여러 사연을 듣고, 여러 상황을 본다. 기억에만 의존하면 어느 순간 흐려진다. 둘째, 구조적으로 묻도록 만들었다. "왜 이 집은 난방을 못 키나?"에서 출발해 "왜 이 동네에는 한파 지원 체계가 구 단위로만 설계돼 있나?"라는 질문으로 나아가게 했다. 다시 말해 현장의 기록은 단순한 일지라기보다 문제의 구조를 해부하는 출발점이었다.

그 기록은 이후 정책의 언어로 옮겨갔다. 예를 들어 "경비실 온도 18도"라는 메모는 단순한 사실 묘사가 아니다. 그건 "법적 기준은 지켜졌으나 인간답지 않은 조건"이라는 메시지다.

이 메모는 훗날 '고령자 경비원 인권 조례'의 근거 논리 중 하나로도 살아남는다. 나는 그 과정을 직접 겪으며, 복지는 결국 '현장에서 적힌 문장'을 '제도의 문장'으로 옮기는 일이라는 판단을 하게 됐다.

보고서를 작성할 때도 같은 원칙을 유지했다. 행정은 늘 숫자를 요구한다. 참여 인원, 비용 대비 효과, 만족도 점수. 이건 필요하다. 예산은 숫자로만 배분된다. 그러나 나는 숫자뿐인 보고서를 신뢰하지 않는다. 그래서 가능하면 숫자 옆에 얼굴을 붙였다. "○월 ○일. ○○어르신. 생애 처음 무대에 섰음. 손바닥에

적어 온 문장을 마지막엔 보지 않고 말했다." 예산 심의 과정에서 이 한 줄이 담당자의 태도를 바꾸는 걸 여러 번 봤다. 숫자는 예산의 크기를 정한다. 그러나 얼굴은 예산의 방향을 바꾼다. 그 방향이 바뀌어야 제도는 결국 약한 사람에게 닿는다.

내가 "우리가 쓰는 문장 하나가 누군가의 하루를 결정한다."고 말할 때 그것은 수사가 아니었다. 내부 회의에서 나는 실제로 그런 말을 했다. 현장의 기록은 행정으로 올라가고, 행정의 언어는 의회로 올라간다. 의회의 언어는 조례가 되고, 조례는 다시 현장의 하루로 내려온다. 이 순환이 건강하게 작동하면 복지는 체계가 된다. 이 순환이 끊기면 복지는 개인의 선의에 의존하게 된다. 나는 이 구조를 몸으로 겪으면서 정치의 필요성을 뚜렷하게 인식하게 됐다. 언젠가 의회로 가야겠다는 생각은 멀리서 갑자기 날아온 것이 아니었다. 바로 이 수첩에서 시작된 것이다.

III

정치를 결심하다

사회복지사의 분노, 정치의 문턱 앞에서

첫 도전

의회에서 마주한 벽

의회에서 배운 것

조례가 된 풍경,
그리고 남겨진 얼굴들

사회복지사의 분노,
정치의 문턱 앞에서

정치라는 단어가 처음 나에게 구체적으로 다가온 것은 사회복지사로 일하던 시절이었다. 인천의 사회복지 현장은 늘 뜨겁고 치열했지만, 그만큼 현실은 냉정했다. 종사자들의 처우는 낮았고, 제도는 복잡했으며, 행정은 언제나 늦었다. 누구보다 헌신적으로 시민을 돌보는 사회복지사들이지만, 정작 그들을 보호해줄 장치는 부족했다. 나 역시 예외가 아니었다. 하루가 멀다 하고 바뀌는 정책지침에 적응해야 했고, 늘 부족한 예산 속에서 사람을 우선해야 하는 선택을 강요받았다. 그러다 보니 더 나은 환경을 찾아 서울로 출근하는 경우가 많았고, 나 또한 그 내열에 섞여 있었다. 그러나 매일 새벽, 출근길에 마주하던 도시의 불빛을 보며 늘 미안한 마음이 들었다. '이 도시의 복지를 지켜야 할 내가, 왜 다른 도시로 향하고 있을까.' 그 질문은 점점 나를 괴롭혔다. 주안노인문화센터 시설장으로 부임한 이후, 나는 인천 복지행정의 구조적 문제를 정면으로 보게 되었다. 같은 노인복지시설임에도 불구하고, 노인복지관과 노인문화센터의 급여체계는 달랐다. 시설장의 급여체계는 같았지만, 문화센터는 복지관보다 중간관리자, 사회복지사는 한 단계 낮은 직급과 보수체계를 적용받았다. 경력과 실력을 갖춘 사회복지사들이 단지 소속 시설의 명칭이 다르다는 이유로 승진이나 보수를 제한받는 현실은 명백한 불평등이었다. 나는 이 문제를 개선하기 위해 직접 움직이기로 했다. 인천시 전역의 노인문화센터를 전수조사하여, 시설별 인건비 구조와 급여 체계를 표로 정리했다. 자료를 정리하며 알게 된 것은 문제의 원인이 단순한 예산 부족이 아니라, 오래된 행정 분류 체계와 인식의 문제라는 점이었다.

나는 그 결과를 토대로 '노인문화센터 승급 조정 건의서'를

작성했다. 인천시청 노인정책과를 직접 찾아가 담당 공무원에게 설명하며 제도의 불합리함을 지적했다. 그러나 돌아온 대답은 차가웠다. "현행 규정상 어렵습니다." 이유도, 대안도, 공감도 없었다. 그 말은 복지현장이 처한 현실을 상징적으로 보여주었다. 현장은 살아 움직이고 있지만, 제도는 여전히 사람의 속도를 따라가지 못했다. 그날 사무실로 돌아오는 길에 나는 생각했다. "행정의 벽은 결국 정치가 넘지 않으면 아무도 넘을 수 없다." 며칠 후, 우연히 인천광역시의회 의장(당시 이성만 전 국회의원)을 만날 기회가 있었다. 나는 다시 건의서를 꺼내 조심스럽게 설명을 드렸다. 의장은 담당 공무원을 불러 이야기를 들었고, 며칠 뒤 건의안이 받아들여졌다는 소식을 전해 들었다. 그 순간, 한 사람의 목소리가 제도를 움직일 수 있다는 가능성을 봤다. 정치가 작동하는 지점은 거창한 국정이 아니라, 일상의 불합리함을 제도 안으로 끌어들이는 데 있다는 사실을 깨달았다. 나는 그때 처음으로 정치의 '효능감'을 경험했다.

그 무렵은 박근혜 정부 시절이었다. 사회복지 예산 삭감과 중복사업 정리 논란이 전국적으로 불거졌고, 인천시도 예외가 아니었다. 복지예산이 대폭 삭감되자, 복지현장은 불안과 분노로 가득했다. 나는 동료 사회복지사들과 함께 시청 후문 앞에서 1인 시위를 시작했다. 퇴근 후 차가운 바람을 맞으며 '복지는 비용이 아니라 생존이다.'라는 피켓을 들었다. 순번을 정해가며 밤마다 시청 앞을 지켰고, 다음 날이면 다시 현장으로 돌아가 아이들과 어르신을 만났다. 그러던 어느 날, 기자회견을 준비하며 우리는 이런 대화를 나눴다. "우리의 목소리가 과연 들릴까?" 대답은 알 수 없었다. 하지만 멈출 수는 없었다. 정치가 외면하면, 사회복지사는 거리로 나올 수밖에 없었다. 그러나 그 거리에서 우리는 절실히 느꼈다. 행정은 규정으로 움직이지만, 정치는 책임으로 움직인다는 사실을. 그 책임을 지려면, 이제 안으로 들어가야 했다. 그날 이후 나는 마음속으로 결심했다. "이 벽을 넘어야 한다. 밖에서 외치는 대신, 안에서 바꿔야 한다."

첫 도전

정치를 결심한다는 것은 단순한 선택이 아니었다. 그것은 삶의 궤적 전체를 다시 세우는 일, 그리고 익숙했던 일상에서 한 발을 떼는 용기였다. 사회복지사로 일하던 시절 나는 제도의 벽 앞에서 수없이 멈춰 섰다. 현장에서 만난 시민들의 문제를 아무리 정리해도 행정의 문턱은 높았고, 시청의 답변은 늘 같았다. "예산이 없습니다." 그 말은 늘 나를 좌절시켰다. 어느 날, 현 허종식 국회의원께서 원외지역위원장이셨을 때 광역의원 선거에 참여해서 준비하는 것을 제안해주셨다. 물론 치우침 없는 경선의 원칙을 강조했다. 그리고 며칠 후 동료 사회복지사들과 저녁 식사를 하던 중 누군가가 말했다. "성준 씨, 우리 얘기를 들어줄 사람이 그 자리에 없잖아요. 그 자리에 직접 가서 얘기해요." 나는 웃으며 넘겼지만, 그 말이 이상하게 마음속에 남았다. 제도를 바꾸려면 제도 안으로 들어가야 한다는 단순한 진실이 그날 이후 내 마음을 움직이기 시작했다.

성준
예비
후보
주안 1.5.6동
도화1.2·3동

출마를 결심했을 때, 주변의 반응은 극단적으로 갈렸다. 어떤 이는 "사회복지사가 정치를 한다니 감동적이다."라고 했고, 또 어떤 이는 "정치는 이상만으로는 안 된다. 그 판은 냉정하다"라고 말했다. 나는 두 반응 모두를 인정했다. 복지의 세계는 사람을 설득하는 곳이었지만, 정치의 세계는 권력을 설득하는 곳이었다. 그러나 한 가지 확신만은 분명했다. 나는 표를 얻기 위해서가 아니라, 제도를 바꾸기 위해 나서기로 했다. 그 한 줄의 다짐이 선거운동 내내 나를 지탱했다.

첫 선거운동은 서툴고 느렸다. 무조건 지역을 직접 걸었다. 시장 입구의 좁은 골목, 버스정류장, 주택가의 골목마다 손을 내밀며 인사를 했다. 인천의 겨울바람은 차가웠지만, 사람들의 목소리는 따뜻했다. "센터장님, 우리 동네에도 복지시설 하나 생기면 좋겠어요." "요즘 젊은 사람들은 정치에 관심이 없는데, 그래도 이런 사람 하나쯤은 있어야지." 나는 그 말을 수첩에 적었다. 그 수첩이 내 첫 정치 교과서였다. 시민의 언어를 정책의 언어로 번역하는 일, 그것이 정치의 시작이었다. 유세 현장은 결코 낭만적이지 않았다. 하루 종일 발로 뛰고도 달라지는 건 거의 없었다. 그러나 가끔, 예상치 못한 순간들이 있었다. 노인복지관 시설장으로 오래 일했던 덕분에, 지역의 어르신들이 선거사무소를 찾아와 따뜻한 음료를 건네며 "우리 센터장님이 드디어 나가는구먼!" 하며 웃었다. 그들의 눈빛 속에는 자부심이 있었다. 어느 날은 수십 년간 보수정당 당원이었던 어르신들이 내게 입당원서를 한 묶음 건네셨다. "내가 자식 같은 센터장 때문에 민주당 당원이 된다." 그 말 한마디가 선거운동 내내 내 마음을 울렸다. 그날 밤, 나는 조용히 눈물을 흘렸다. 정치가 누군가의 마음을 바꾸는 일일 수 있다는 걸 그때 처음 깨달았다.

정치의 길은 낯설고 거칠었다. 현장에서 익숙했던 '사람의 언어'가 아닌, 이해관계와 계산의 언어가 오갔다. 그러나 나는 사회복지사의 습관을 버리지 않았다. 누군가를 설득할 때는 논리보다 진심이 먼저여야 한다는 믿음이었다. 나는 유세 중에도 "복지정책이 행정의 일이 아니라, 삶의 문제입니다. 복지는 도시의 품격이고, 시민의 존엄입니다."라고 말했다. 화려한 구호는 아니었지만, 그 문장은 내 진심을 담고 있었다. 시민들은 내 어색한 말투에도 고개를 끄덕였다. 개표의 밤은 길었다. 한 표, 또 한 표가 화면에 표시될 때마다 숨이 막혔다. 결국 내 이름 옆에 '당선'이라는 글자가 떴을 때, 기쁨보다 먼저 찾아온 건 책임감이었다. 나는 스스로에게 말했다. "이제 시작이다. 누군가의 삶을 바꾸는 일은 약속의 무게만큼 무겁다." 당선의 기쁨은 잠시였다. 의회에 들어서면서 나는 다시 초심으로 돌아갔다. 복지의 현장에서 봤던 얼굴들—아이, 노인, 사회복지사—그들이 내 의정활동의 기준이자 방향이었다.

그러나 다음 선거에서는 낙선했다. 개표방송에서 '낙선'이라는 두 글자를 보는 순간, 숨이 잠시 멎었다. 하지만 그 감정은

더불어민주당 남구제1선거구
1
김성준
시의원후보
도화1.2.3동

오래가지 않았다. 오히려 마음은 차분했다. 다시 사회복지 현장으로 돌아갔다. 정치에서 졌지만, 사람에게 진 것은 아니었다. 그때 깨달았다. 정치는 자리를 얻는 일이 아니라, 방향을 지키는 일이라는 것을. 그리고 복지는 그 방향의 이름이었다. 낙선 이후에도 시민들은 나를 찾아왔다. "의원님, 다음에 다시 나가셔야죠." 그들의 말에 담긴 믿음은 내가 다시 일어설 수 있는 힘이었다. 패배의 경험은 나를 더 단단하게 만들었다. 승리의 순간보다 실패의 시간이 더 많은 걸 가르쳐주었다. 정치는 명예가 아니라 책임이었고, 복지는 시혜가 아니라 존엄이었다. 선거는 끝났지만, 정치는 멈추지 않았다. 나는 다시 현장으로 돌아가 사회복지사로, 활동가로, 시민의 한 사람으로 일했다. 정치는 그리 멀리 있지 않았다. 현장의 목소리를 듣는 일, 제도를 설계하는 일, 그것이 바로 정치의 또 다른 형태였다. 돌아보면, 나의 첫 도전은 패배가 아니라 출발이었다. 정치가 인간의 삶을 다루는 일이라면, 복지는 그 삶의 질서를 지탱하는 뼈대다. 나는 여전히 그 길 위에 있다. 승리와 패배, 희망과 좌절을 모두 경험했지만, 그 모든 시간 속에서 흔들리지 않는 하나의 신념이 남았다. 정치는 누군가를 이기는 일이 아니라, 모두가 함께 가는 길을 만드는 일이다. 그리고 나는 그 길 위에서 오늘도 '복지국가'라는 오래된 약속을 되새기며 다시 걸음을 내딛는다.

의회에서 마주한 벽

초선 시의원으로 의원선서를 하던 날, 나는 회의실에 들어서며 가슴이 뛰었다. 현장에서 수없이 쌓인 고민들을 이제 제도의 언어로 바꿀 수 있다는 기대감 때문이었다. 그러나 그 벽은 생각보다 높고, 두껍고, 견고했다. 의회는 단순한 회의장이 아니었다. 수많은 이해관계와 행정 절차, 그리고 정치적 계산이 얽혀 있는 거대한 구조였다. 나는 그 벽 앞에서 다시 초심으로 돌아갔다. 복지현장에서 느낀 분노와 안타까움이 제도의 언어로 바뀌기까지 얼마나 많은 시간과 설득이 필요한지를 그제야 알았다.

본회의에서 첫 5분 발언을 신청했다. 원고를 손에 쥔 손끝이 약간 떨렸지만, 마음은 단단했다. "복지의 사각지대에 있는 시민들이 여전히 제도 밖에서 고립되어 있습니다. 그분들을 제도 안으로 끌어들이는 것이 시정의 가장 기본적인 의무입니다." 회의실은 잠시 정적에 잠겼다. 방청석에 앉아 있던 시민 몇몇이 고개

인천광역시의회

를 끄덕였지만, 의원석 안의 공기는 달랐다. 일부 의원은 서류를 넘겼고, 어떤 이는 휴대전화를 내려다봤다. 나는 그들의 시선을 보며 깨달았다. '공감'은 말로 전해지지 않는다는 것을. 회의장 안의 공기는 차갑고, 행정의 언어는 느렸다. 그러나 포기하지 않았다. 그 침묵의 시간조차 정치의 과정이라 믿었다. 며칠 뒤, 첫 조례안 초안을 제출했다. 사회복지사 처우 개선과 관련된 내용이었다. 그러나 담당 국장은 자료를 내려다보며 단 한 문장만 남겼다. "좋은 취지입니다. 하지만 예산이 문제입니다." 그 말은 내 정치의 첫 현실 수업이었다. 현장에서는 사람이 기준이었지만, 의회에서는 숫자가 기준이었다. 그 말이 단순한 반대가 아니라, 체계의 언어라는 걸 알았다. 그래서 맞서 싸우는 대신, 설득하기로 했다. 사회복지사의 피로와 시민의 불편을 데이터로 정리했고, 실제 현장의 사진을 자료에 첨부했다. "이 숫자는 제도가 닿지 않는 사람들의 체온입니다." 그렇게 설명하자, 공무원의 표정이 달라졌다. 숫자를 통해 사람을 설명할 수 있을 때, 정치의 문은 조금씩 열린다는 걸 그때 배웠다.

의회는 매일이 시험대였다. 상임위원회 회의, 예산결산특별위원회, 행정감사—수십 개의 회의가 이어졌다. 그 안에서 나는 정치의 '언어'를 다시 배웠다. 행정은 보고서를 말하지만, 정치는 문장으로 설득해야 했다. 논리가 맞아야 하고, 감정이 지나치면 역효과였다. 사회복지사 시절의 나는 사람의 눈을 보고 대화했지만, 이곳에서는 문장의 구조가 곧 신뢰였다. 보고서 한 줄, 표현 하나에도 수많은 시선이 달라붙었다. 나는 문장을 다듬는 데서 정치를 배웠다. 한 문장 안에서 사람과 제도를 동시에 설득해야 했기 때문이다. 의회에서의 첫 번째 좌절은, 발언이 묻히는 순간이었다. 사회복지 관련 예산 증액안을 제안했지만, 회의록에는 내 발언의 요지가 단 몇 줄만 남았다. "정책적 타당성은 있으나 재정 여건상 불가." 그 짧은 문장이 수개월의 노력과 현장의 목소리를 삼켜버렸다. 나는 그날 회의가 끝나고 혼자 남은 회의장을 오래 바라봤다. '정치란 결국 벽을 두드리는 일인가.' 하지만 곧 마음을 고쳐먹었다. '벽이 있다는 건, 아직 문이 닫혀 있다는 뜻이다. 닫힌 문은 열릴 수 있다.' 그 생각으로 다시 자리로 돌아갔다.

나는 질의서의 형식을 바꿨다. 숫자 옆에 사람의 이야기를 붙였다. "○○복지관 ○○어르신, 만성질환으로 병원 진료를 포기함." "○○동 ○○씨, 난방비 체납으로 전기 공급 중단." 이 문장들은 질의서에서는 이례적이었다. 하지만 담당자들은 그 문장을 보며 다시 자료를 읽었다. "이건 데이터가 아니라 사람의 기록이네요." 그 말이 내겐 가장 큰 보상이었다. 그때부터 '보고서의 인간화'라는 원칙을 세웠다. 제도가 숫자를 좋아하더라도, 정치인은 사람을 잊으면 안 된다. 의회는 늘 논쟁의 공간이었다. 예산심의 자리에서 어떤 의원은 "시민을 돕는 것도 좋지만, 도시의 경쟁력도 중요합니다."라고 말했다. 그 말은 틀리지 않았다. 그러나 나는 이렇게 답했다. "도시의 경쟁력은 사람의 삶에서 시작됩니다. 복지가 튼튼한 도시는 위기에도 무너지지 않습니다." 그 대답은 토론장을 잠시 조용하게 만들었다. 그리고 몇 달 후, 해당 예산은 수정 가결되었다. 나는 그 순간을 잊지 못한다. 설득은 소리의 크기로 이루어지는 게 아니라, 신념의 밀도로 이루어진다는 걸 배웠기 때문이다.

정치는 종종 느리다. 그리고 그 느림 속에서 좌절이 찾아온다. 하지만 복지의 언어는 본래 느리다. 도움을 요청하는 사람의 마음도, 그것을 듣고 제도화하는 과정도 시간이 필요하다. 나는 의정활동을 하며 그 느림을 받아들였다. 정치는 속도보다

방향의 문제였다. 방향이 맞는다면, 속도는 언젠가 따라온다. 의회에 들어와서 나는 행정의 냉정함을, 그리고 제도의 무력함을 동시에 배웠다. 하지만 그 안에서도 따뜻한 순간들이 있었다. 예산 삭감 위기에 처한 지역 아동센터를 지켜달라는 부탁을 받고 시정 질의에서 문제를 제기했을 때, 담당 부서장이 "의원님 말씀이 맞습니다. 현장 재검토하겠습니다."라고 답한 일이 있었다. 그 한마디에 시설 종사자들의 얼굴이 떠올랐다. 누군가의 하루가 그 한 문장으로 바뀔 수 있다는 믿음, 그것이 정치의 힘이었다.

이제 돌아보면, 의회에서의 시간은 나에게 또 다른 학교였다. 법안을 다듬는 법, 행정 논리를 설득하는 법, 그리고 무엇보다 사람을 잃지 않는 법을 배웠다. 정치는 단단해야 하지만, 그 단단함은 인간에 대한 연민 위에서 세워져야 한다. 복지는 감정의 산물이 아니라, 인간 이해의 산물이다. 나는 그 사실을 현장에서 배웠고, 의회에서 다시 확인했다. 정치는 결국 사람을 다루

는 일이다. 그리고 사람을 다루는 일에는 정확함보다 따뜻함이 먼저여야 한다. 회의장 안에서 나는 여전히 현장의 냄새를 떠올렸다. 복지관의 식사 시간, 경비실의 찬 공기, 병실의 링거대—그 기억이 내 발언의 근원이자 나침반이었다. 정치의 벽은 여전히 높았다. 하지만 나는 알았다. 벽을 넘는 힘은 숫자가 아니라 신념이라는 것을. 행정은 효율을 추구하지만, 정치는 인간의 품격을 지키는 일이다. 그 품격을 지키기 위해 나는 오늘도 기록하고, 설득하고, 다시 발언한다. 정치가 말의 예술이라면, 복지는 그 말이 현실에서 작동하는 기술이다. 나는 그 둘을 잇는 다리가 되고 싶었다.

의회에서 배운 것

의회는 언제나 치열했다. 찬성과 반대, 보류와 수정, 이해와 오해가 매일 반복되었다. 하지만 그 속에서 나는 정치의 본질을 배웠다. 정치는 싸움이 아니라 설득의 연속이라는 것이다. 회의실에서 들려오는 언성은 높았지만, 결국 중요한 것은 누가 더 크게 외쳤느냐가 아니라, 누가 더 오래 경청하였느냐였다. 정치란 상대를 꺾는 일이 아니라, 다른 생각을 조금씩 옮기는 일이라는 것을 그제야 알았다.

시의원 시절 자주 벽에 부딪혔다. 복지정책은 언제나 '비용'으로 평가받았고, 새로운 제안을 내면 "좋은데 예산이 문제야."라는 말이 자동처럼 돌아왔다. 처음엔 답답했다. 하지만 곧 깨달았다. 숫자로 설득해야 하는 회의실에서는 감정이 통하지 않고, 사람의 얼굴로 설득해야 하는 현장에서는 숫자가 통하지 않는다. 그 둘 사이의 언어를 통역하는 것이 바로 정치인의 역할이었다. 나는 정책보고서에 현장의 사진을 덧붙였고, 통계표 옆

의회

에 이름 없는 시민의 사연을 함께 실었다. '이 수치는 ○○동 ○○씨의 삶에서 나온 결과입니다.'라는 문장을 넣었을 때, 담당자의 표정이 바뀌는 것을 보았다. 문서의 언어가 인간의 언어로 바뀌는 순간이었다. 시간이 지나면서 나는 '정치의 언어'를 배웠다. 행정은 정답을 찾는 일이라면, 정치는 질문을 멈추지 않는 일이라는 것을. 사회복지사 처우 개선 예산이 조정 대상에 올랐다. 나는 발언대에 올랐고, 나는 발언의 기회를 얻어 조용히 말했다. "복지는 비용이 아닙니다. 우리가 이 예산을 줄이는 순간, 누군가의 하루가 더 길어집니다." 회의장이 잠시 조용해졌다. 그 말은 통계적 근거가 아니라, 인간의 언어였다. 회의가 끝난 후 한 동료 의원이 다가와 말했다. "오늘 발언은 수치보다 설득력이 있었어요." 그 한마디로 충분했다. 정치의 핵심은 숫자를 완성하는 데 있는 게 아니라, 마음을 움직이는 데 있었다.

나는 의회를 학교처럼 생각했다. 법안을 만드는 과정은 언제나 시험대 같았다. 초안을 만들고, 위원회를 거치며, 수정안을 제시하고, 본회의를 통과시킬 때까지 수십 번의 협의가 이어졌다. 처음에는 각 상임위원회 회의마다 방어적으로 임했지만, 나중에는 한 문장 한 문장을 바꾸는 과정에서 '협치'의 의미를 배웠다. 타협은 패배가 아니었다. 오히려 정치의 완성은 그 타협 속에 있었다. 제도의 언어로 현장의 목소리를 옮기려면, 현실과 이상 사이를 오가는 인내가 필요했다. 그 과정에서 나는 자주 스스로에게 물었다. "나는 왜 정치를 하는가?"라고. 복지현장에서 일할 때는 '도움이 필요한 사람에게 손을 내미는 일'을 했다면, 의회에서는 '그 손이 닿을 수 있는 제도를 만드는 일'을 해야 했다. 현장에서의 연민이 제도의 언어로 바뀌는 과정은 결코 단순하지 않았다. 하지만 그 간극을 메우는 일이 정치의 존재 이유였다. 어느 날 한 기자가 물었다. "의원님, 정치를 한 단어로 정의한다면 무엇입니까?" 나는 잠시 생각하다가 이렇게 대답했다. "정치는 책임입니다. 그리고 복지는 그 책임의 가장 구체적인 형태입니다." 그 말은 내 정치 인생의 요약이었다. 정치는 권력을 나누는 일이 아니라, 책임을 나누는 일이다. 의회에서의 발언 하나, 서명 하나가 누군가의 삶에 영향을 미친다는 사실을 알게 된 이후부터 나는 문장을 더 조심스럽게 쓰기 시작했다.

정치는 언어의 예술이다. 그러나 복지는 그 언어가 실제로 작동해야 하는 현실의 영역이다. 나는 그 둘의 사이를 잇는 다리 위를 걷는 마음으로 회의에 임했다. 한 번은 행정감사 자리에서 자료를 요청했다. 담당 공무원은 "그 부분은 저희 업무 범위를 벗어납니다."라고 답했다. 나는 웃으며 말했다. "복지는 범위를 벗어나는 일이 많습니다. 그게 복지의 본질 아닙니까?" 회의장은 잠시 정적에 잠겼고, 이내 웃음이 흘렀다. 하지만 그 대화는 나에게 큰 울림을 남겼다. 제도는 경계를 그리지만, 사람의 삶은 늘 그 경계 바깥에서 일어난다. 정치는 그 바깥을 품는 일이어야 했다.

분실물 찾아 가세요
사무실에서
모자, 양산, 스카프,
치매 상담 해드려요~
5월 3일 (목요일)
오전 10시 ~ 11시
예약 받습니다!!
전문상담 일정표

의정활동 후반부로 갈수록 나는 서류보다 사람을 먼저 보기 시작했다. 수많은 회의 속에서도 잊지 않으려 했던 것은 이름이었다. 어느 보고서든 마지막 문단에는 늘 같은 문장을 넣었다. "이 제안의 출발점은 ○○복지관 ○○어르신의 목소리입니다." 그 문장은 내게 하나의 신조였다. 행정은 익명으로 움직이지만, 정치는 이름으로 움직인다. 익명의 숫자 뒤에 실존하는 얼굴을 다시 세우는 것이 내가 배운 정치였다.

나는 여전히 회의록을 꼼꼼히 남긴다. 그것은 나의 변명이자 다짐이다. 회의록의 문장은 때로는 법보다 오래 남는다. 그것은 내가 현장에서 배운 기록의 습관이기도 하다. 복지현장에서 나는 아이의 체온을 기록했고, 의회에서는 그 체온을 제도의 문장으로 옮겼다. 정치는 기록으로 평가받고, 복지는 그 기록 위에 세워진다. 나는 말보다 문장, 주장보다 기록을 믿는다. 기록은 변명하지 않고, 세월이 흘러도 남아 다음 세대의 판단을 견딘다. 복지는 제도의 문제가 아니다. 인간의 품격을 지키는 정치의 본령이다. 그리고 그 믿음이 흔들린 적은 단 한 번도 없었다. 때로는 표결에서 졌고, 때로는 안건이 보류되었다. 하지만 그 순간에도 나는 생각했다. "나는 옳은 방향으로 가고 있다." 정치란 정답을 맞히는 일이 아니라, 방향을 잃지 않는 일이다. 넘어질 수는 있어도, 무너지지는 않으리라는 다짐으로 나는 오늘도 다시 걷는다. 복지의 언어로 정치를 다시 쓰는 길, 그것이 내가 배운 의회의 진짜 의미였다.

조례가 된 풍경,
그리고 남겨진 얼굴들

아스팔트의 온기와 종이 한 장의 무게
- 사회복지사 유급 병가와 인권 조례

2017년의 겨울은 유독 길고 매서웠다. 당시 인천시가 사회복지 종사자들의 유급 병가를 무급화하고, 이미 지급된 급여마저 환수하겠다는 방침을 세웠을 때, 내가 느낀 것은 분노라기보다 차가운 자괴감에 가까웠다. 시청 후문의 아스팔트는 얼어붙어 있었고, 그 위에 선 사회복지사들의 입에서는 하얀 입김이 끊임없이 흩어졌다. 돕는 자의 몸이 아픈 것을 제도가 외면할 때, 복지는 그저 허울 좋은 수사로 전락한다. 나는 그 찬바람 속에 서서 구호를 외치던 동료들의 붉어진 손마디를 보았다. 그것은 희생과 봉사라는 이름 아래 강요된 인내의 한계치였다.

나는 그때 '인천사회복지총연대'의 중심에서 현장의 요구를 온몸으로 밀어 올리며, 우리가 처한 현실을 수첩에 눌러 적었다. 행정은 예산의 효율성을 들어 숫자를 들이밀었지만, 현장의 노동은 숫자로 치환되지 않는 살갗의 고통이다. 사회복지 실천은 곧 연대다. 홀로 선 개인은 제도의 성벽을 넘을 수 없으나, 흩어진 고통들이 기록을 통해 하나의 목소리로 묶일 때 비로소 벽에 균열이 가기 시작한다. 당시 우리가 싸운 것은 단순히 급여 몇 푼의 문제가 아니었다. 그것은 '자치복지권'의 선언이었고, 복지 노동자가 한 명의 시민으로서 존중받아야 한다는 당위의 투쟁이었다. 긴 투쟁 끝에 병가 무급화는 철회되었고, 그 기록들을 들고 의회로 들어갔다. 그리고 2021년 12월, 전국 최초로 '사회복지종사자 인권보호 조례'를 대표 발의하여 통과시켰다. 조례는 문장이다. 그 문장이 법적 강제성을 띠고 예산이라는 물리적 실체를 얻었을 때, 비로소 현장의 온도는 미세하게 변하기 시작했다. 조례안에 서명하던 날, 펜 끝에서 전해지는 무게는 남달랐다. 그것은 단순히 법 하나를 만드는 것이 아니라, 2017년 그 추운 아스팔트 위에서 떨었던 수천 명의 동료에게 건네는 뒤늦은 사과이자 약속이었기 때문이다.

그러나 성취의 기쁨 뒤에는 늘 짙은 이쉬움의 그림자가 따라붙는다. 조례가 통과되고 예산이 세워졌음에도 불구하고, 여전히 현장의 고통은 다 소멸하지 않았다. 법은 표준을 만들지만, 삶은 표준 너머에서 발생한다. 조례의 문장이 닿지 않는 사각지대에서 여전히 과중한 업무에 시달리다 소리 없이 현장을 떠나는 후배들의 뒷모습을 볼 때마다, 나는 내가 만든 문장들이 얼마나 무력한가를 통감한다. "돕는 사람이 행복해야 시민도 행복하다."는 명제는 여전히 완성되지 않은 미완의 과제다.

정치는 번역의 과정이다. 현장의 비명 소리를 제도의 언어로 옮기는 일이다. 하지만 번역 과정에서 소실되는 감정의 농도가 너무나 짙다. 2021년의 성과는 분명한 진전이었으나, 그것이 현장의 모든 상처를 덮어주는 완벽한 연고가 될 수는 없었다. 조례가 제정된 이후에도 나는 자주 복지관의 낡은 복도를 걷는다. 그곳에서 여전히 링거 투혼을 하며 상담실을 지키는 사회복지사의 피로한 얼굴을 마주할 때, 나의 성취는 다시금 부끄러운 기록이 된다. 우리는 전진했으나, 가야 할 길은 여전히 멀다. 기록된 성과는 역사로 남겠지만, 기록되지 못한 채 여전히 현장에서 마모되는 청춘들의 시간은 누구도 보상해주지 않는다. 조례 한 장으로 세상을 바꿀 수 있다는 오만함을 버리고, 그 조례가 누군가의 삶에 실질적인 물리력으로 작동하는지를 끝까지 지켜보는 것. 그것이 내가 정치를 결심했던 시청 후문의 바람 앞에서 다짐했던 최소한의 책임이다.

기록은 끝났으나, 현장의 땀방울은 여전히 뜨겁고 때로는 비릿하다. 성취가 클수록 그 뒤에 남겨진 사람들의 얼굴이 더 선명해진다. 나는 여전히 그 얼굴들을 수첩에 적는다. 지금도 그것이 조례의 문장보다 더 무겁게 내 어깨를 누른다.

38도의 바람과 육교의 계단

- 경비원의 휴게실과 보행약자의 이동권

의회에 입성한 뒤 내가 가장 먼저 정면으로 마주한 물리적 실체는 아파트 경비실의 온도였다. 기록은 늘 사실에서 출발한다. 여름날의 경비실은 좁았고, 공기는 끓어올랐다. 노인 경비원들은 그 한 평 남짓한 공간에서 해고의 두려움을 방패삼아 부당한 언어폭력과 살인적인 폭염을 동시에 견디고 있었다. 나는 그들의 땀에 젖은 등판을 보았고, 내뱉지 못한 마른침의 냄새를 맡았다. 수첩에 적힌 "경비실 내부 온도 38도. 에어컨 없음."이라는 건조한 명사는 나에게 단순한 숫자가 아니라, 정치가 해결해야 할 가장 시급한 '물리적 불평등'으로 읽혔다.

나는 전국 최초로 '고령자 경비원 인권 보호 조례'를 대표 발의했다. 조례는 차가운 문장이지만, 그것이 예산이라는 물리적 실체를 얻었을 때 비로소 경비실 벽면에 에어컨 실외기가 돌아가기 시작했다. 18도의 시원한 바람이 좁은 방 안을 채울 때, 정치가 결국 타인의 삶을 덜 힘들게 만드는 '번역의 과정'임을 확신했다. 예산은 숫자로 존재하지만, 그 숫자가 향해야 할 곳은 언제나 사람의 체온이 비정상적으로 치솟거나 떨어지는 현장이어야 한다.

그러나 이 성취의 이면에도 회한은 깊게 박혀 있다. 에어컨을 설치하고 조례로 인권을 명시했음에도 불구하고, 경비원들을 향한 입주민들의 고압적인 태도와 '갑질'이라 불리는 보이지 않는 폭력은 여전히 조례의 문장 바깥에서 작동한다. 법은 에어컨을 달아줄 수는 있지만, 사람의 마음속에 자리 잡은 비뚤어진 우월감을 강제로 교정하지는 못한다. 시원한 바람이 흐르는 경비실 안에서 여전히 모욕적인 언사를 듣고 고개를 숙여야 하는 노인의 뒷모습을 볼 때마다, 내가 만든 조례는 한없이 얇은 종이 한 장의 무게로 전락한다. 제도는 풍경을 바꾸었으나, 그 풍경 속에 사는 사람들의 관계까지는 아직 온전히 회복시키지 못한 것이다.

이동권에 관한 투쟁 역시 마찬가지였다. 미추홀구의 석암고가육교는 보행 약자들에게는 거대한 성벽과 같았다. 눈이나 비가 오면 가파른 계단은 흉기로 변했고, 관절이 마모된 어르신들에게 그 육교를 건너는 일은 매일의 목숨을 건 등반이었다. 나는 주민들과 함께 육교 아래 서서 그들의 서명을 받았다. 종이 위에 휘갈겨진 이름들은 단순한 명단이 아니라, 안전하게 길을 건너고 싶다는 생존의 아우성이었다. 집요한 요구 끝에 육교에는 차양막(캐노피)이 씌워졌고, 거대한 승강기가 몸체를 드러냈다. 쇳덩어리 승강기가 위아래로 움직일 때마다 어르신들의 보폭은 비로소 자유를 얻었다. 효율성을 따지는 행정의 논리로는 결코 세울 수 없었던 승강기였다. 그러나 승강기가 설치된 후에도 나의 마음 한구석은 늘 무거웠다. 승강기 하나가 설치되기까지 들여야 했던 그 수많은 시간과 투쟁의 비용을 생각하면, 우리 사회가 약자의 보폭을 배려하는 데 얼마나 인색한지를 역설적으로 증명하는 꼴이기 때문이다. 승강기가 없는 다른 수많은 육교에서 여전히 가쁜 숨을 몰아쉬며 계단을 오르는 이들의 얼굴이 떠오를 때, 석암고가의 승강기는 나에게 승리의 기록인 동시에 부채의 기록이 된다.

정치는 벽을 쌓는 일이기도 하지만, 가장 낮은 곳에 서서 그 벽을 허무는 일이기도 하다. 경비실에 에어컨을 달고 육교에 승강기를 놓는 일은 거창한 이데올로기의 문제가 아니다. 그것은 누군가의 하루를 덜 힘들게 만드는 지극히 사소하고도 구체적인 노동이다. 나는 그 노동의 과정에서 정치가 현장을 잃는 순간 얼마나 공허해지는지를 배웠다. 조례가 통과되고 시설이 들어선 뒤에도 나는 여전히 그곳을 서성인다. 에어컨 바람이 잘 나오는지, 승강기가 멈추지는 않았는지 확인하는 것이 아니다. 그 시설들 너머에서 여전히 외롭고 고단하게 자기 자리를 지키고 있는 '사람의 표정'을 보기 위해서다. 기록된 조례는 역사로 남겠지만, 그 조례가 미처 닿지 못한 그늘진 곳의 신음은 여전히 나의 수첩에 남겨진 미완의 문장들이다.

생명을 맞이하는 도시의 예의
- 인천형 공공산후조리원과 아이사랑꿈터

생명은 경이롭다. 그러나 그 경이로움이 일상으로 안착하기까지 산모와 아이는 가장 취약하고 세밀한 돌봄의 시간을 통과해야 한다. 아이를 낳은 산모의 몸은 새로운 생명을 세상으로 밀어 올리기 위해 자신의 모든 기운을 쏟아낸 상태다. 갓 태어난 생명은 세상의 온기를 온전히 받아내기에 더없이 투명하고 연약하다. 나는 사회복지사로서, 그리고 의원으로서 이 고귀한 탄생 뒤에 가려진 고단한 현실을 오래도록 목격해 왔다. 출산 직후 충분한 안식과 보살핌을 받아야 함에도 불구하고, 경제적 형편이나 주변의 도움을 기대할 수 없어 홀로 고군분투하는 부모들의 얼굴을 나는 수첩에 기록했다. 산후조리는 산모의 건강을 회복하고 새 생명이 사회의 일원으로 건강하게 첫발을 내딛게 하는 필수적인 '회복과 적응'의 과정이다. 그러나 우리 사회에서 이 소중한 시간은 오랫동안 각 가정의 경제적 역량에 따라 질적인 차이가 발생하는 영역이었다. 누군가는 안락한 공간에서 체계적인 보살핌을 받지만, 누군가는 그 비용의 문턱 앞에서 서둘러 고단한 일상을 다시 시작해야 했다. 이러한 불평등은 생명의 시작점에서부터 우리 사회가 풀어야 할 가장 정직한 숙제였다.

'인천형 공공산후조리원'의 건립을 위해 조례를 다듬고 예산을 확보하는 노동에 집중했다. 공공산후조리원은 단순히 저렴

한 시설을 하나 짓는 일이 아니다. 그것은 새로운 생명의 탄생이라는 공동체의 경사를 국가가 '시혜'가 아닌 '존엄한 책임'으로 응답하는 체계를 구축하는 일이다. 소득의 높고 낮음과 관계없이, 인천에서 태어난 모든 아이와 어머니가 차별 없이 따뜻한 돌봄을 받을 수 있는 보편적 복지의 모델을 구상했다. 의회 회의실에서 예산의 효율을 앞세우는 이들에게, 나는 산후조리원이라는 공간이 한 가정의 건강한 시작을 알리는 가장 확실한 투자임을 강조했다.

마침내 인천형 공공산후조리원이 문을 열고, 그곳의 평온한 공간에서 안정을 취하는 산모와 아이의 모습을 보았을 때 나는 정치가 지향해야 할 방향이 결국 '사람의 온기를 지키는 일'임을 다시금 확신했다. 그러나 보람의 이면에는 여전히 해결해야 할 과제들이 선명하게 남아 있다. 현재의 시설만으로는 인천의 모든 출산 가정을 품기에 부족하며, 여전히 많은 부모가 제도적 혜택의 바깥에서 고단한 시간을 시작하고 있다. 시설의 숫자를 늘리는 것만큼이나 중요한 것은, 출산과 산후조리가 누구나 누려야 할 '기본적 권리'로 완벽히 자리 잡게 하는 일이다. 이 돌봄의 평등을 위해 조례의 내용을 지속적으로 보완하고 예산의 안정성을 확보하는 일에 끝까지 마음을 다하려 노력했다.

출산이 개인의 회복을 돕는 일이라면, 육아는 공동체의 연대를 회복하는 일이다. 육아는 결코 한 개인이 홀로 감내해야 할

짐이 되어서는 안 된다. 나는 혁신 육아 모델인 '아이사랑꿈터' 1호점을 기획하고 현장에 안착시키는 과정에서 '공동체 돌봄'의 실체를 깊이 고민했다. 아파트라는 닫힌 공간 안에서 육아라는 이름의 고립에 처한 부모들에게 진정으로 필요한 것은 거창한 구호보다, 아이와 함께 집 밖으로 나와 이웃과 따뜻한 눈을 맞출 수 있는 '열린 공간'이었다. 아이사랑꿈터는 아이들이 마음껏 뛰노는 놀이터인 동시에, 부모들이 서로의 경험을 나누고 육아의 피로를 함께 덜어내는 다정한 광장이 되어야 했다. 나는 1호점이 문을 열고 지역 곳곳으로 이 모델이 확산되는 과정을 지켜보며, 공간이 사람의 마음을 어떻게 어루만지는지를 확인했다. 차가운 콘크리트 벽 사이에서 홀로 아이를 돌보던 부모들이 꿈터라는 공간에서 만나 서로의 안부를 묻고 정보를 나누는 풍경은, 내가 꿈꾸던 복지의 가장 아름다운 실천 중 하나였다.

하지만 공간이 생겼다고 해서 부모들의 정성이 깃든 육아의 수고가 완전히 사라지는 것은 아니다. 여전히 많은 부모가 일과 가정의 균형 사이에서 고심하고 있으며, 공공의 돌봄 체계는 현장의 절실한 속도를 따라잡기 위해 더 많은 노력이 필요하다. 아이사랑꿈터가 단순히 시설을 늘리는 것을 넘어, 지역 사회의 모든 육아 자원이 유기적으로 연결되는 허브로 성장하기 위해서는 더욱 정교한 정책적 설계와 지원이 뒷받침되어야 한다.

나는 이 기록들을 완결된 성공이라 부르지 않는다. 이것은 내가 정치를 시작하며 시민들과 나누었던 약속 중 일부를 실천으로 옮긴 과정의 보고일 뿐이다. 공공산후조리원과 아이사랑꿈터는 생명이 자라나는 전 과정을 공동체가 함께 책임지겠다는 '약속의 시작'이다. 여전히 지켜내지 못한 사각지대와, 예산의 우선순위에서 밀려난 돌봄의 의제들이 나의 수첩에 무겁게 적혀 있다.

기록은 이어지고 있으나, 생명을 귀하게 여기는 정치는 멈출 수 없다. 공공의 돌봄이 예외가 아닌 당연한 상식이 되는 날까지, 나는 내가 만든 조례의 문구들을 끊임없이 살피고 현장의 목소리를 채워 넣을 것이다. 아이의 웃음소리가 모든 가정에서 불안 없이 울려 퍼지는 도시를 만드는 일, 그것이 내가 정치를 하는 가장 소중한 이유이자 끝까지 완수해야 할 나의 소명이다. 비록 그 길이 긴 호흡을 필요로 하는 여정일지라도, 생명의 존엄을 지키는 일에 있어서는 결코 멈추지 않고 묵직하게 걸어갈 것을 다짐한다.

제도의 문턱과 경계 너머의 현장
- 계양 일가족 사건과 미추홀구 형제 화재 그리고 외국인 근로자

정직한 행정은 가장 조용한 결핍을 먼저 찾아내는 일에서 시작된다. 계양구에서 발생한 일가족 사망 사건은 인천 사회복지 행정의 구조적 결함을 드러낸 뼈아픈 기록이다. 우리 사회의 복지 시스템은 도움이 필요한 당사자가 스스로 빈곤을 증명하고

지원을 요청해야만 작동하는 '신청주의'를 근간으로 삼는다. 그러나 극심한 위기 상황에 처한 이들은 종종 정보를 얻거나 복잡한 행정 절차를 밟을 물리적·심리적 여력이 없다. 서류와 절차라는 문턱 앞에서 제도는 작동을 멈췄고, 그 결과는 한 가족의 소멸이라는 실체적 비극으로 남았다. 나는 의회 5분 발언을 통해 이 비극의 원인이 개인의 불운이 아닌, 행정 중심의 지원 체계가 가진 태생적 사각지대에 있음을 지적했다. 시민이 찾아오기를 기다리는 것이 아니라, 행정이 위기 가구를 선제적으로 발굴하고 먼저 손을 내미는 능동적인 시스템으로의 전환이 절실했다. 나는 '인천형 복지 전달체계'의 전면적인 개편을 요구하며, 조례를 수정하고 예산을 검토하는 노동에 매달렸다. 조문 하나를 고치는 일은 단순히 문장을 다듬는 것이 아니라, 서류상의 '부적격' 판정 뒤에 숨겨진 구체적인 생명의 무게를 행정의 영역으로 끌어올리는 과정이었다.

이후 복지 사각지대 발굴 시스템이 강화되고 관련 예산이 증액되었으나, 여전히 현장에는 해결되지 않은 과제들이 산적해 있다. 행정망이 촘촘해질수록 가난의 양상은 더욱 내밀하게 은폐되고, 여전히 우리 눈에 띄지 않는 골방에서 하루를 견디는 이들이 존재한다. 이 사건은 나에게 정치가 결코 안주할 수 없는 실무적 노동임을 일깨워주었다. 제도가 모든 슬픔을 막아낼 수는 없으나, 적어도 제도 때문에 사람이 방치되는 일은 없어야 한다.

계양의 비극이 제도의 문턱 문제였다면, 미추홀구에서 발생한 형제 화재 사건은 돌봄의 안전망이 얼마나 성긴지를 보여준 물리적 참극이었다. 보호자가 자리를 비운 사이, 배고픔을 견디다 라면을 끓이려던 어린 형제에게 덮친 불길은 우리 사회의 돌봄 체계가 가진 허점을 적나라하게 태워버렸다. 코로나19라는 전례 없는 위기 속에서 학교도, 지역아동센터도 아이들을 온전히 품지 못했고, 그 공백의 시간은 아이들에게 가혹한 형벌로 돌아왔다. 나는 사고 현장의 타버린 주방과 아이들의 고통이 서린 기록들을 확인하며, 행정이 놓친 '시간의 구멍'을 보았다. 돌봄은 예산의 배정으로 완성되는 것이 아니라, 아이들의 하루 24시간을 촘촘히 메우는 물리적 연속성 위에서 작동해야 한다. 이 사건 이후 인천시의 아동 돌봄 체계를 전수 조사하고, 위기 아동을 위한 긴급 돌봄 인프라 확충과 지역아동센터의 운영 시간 유연화를 강력히 추진했다. 단순히 시설을 늘리는 것이 아니라, 보호자가 부재한 시간에도 아이들이 안전하게 끼니를 해결하고 보호받을 수 있는 '현장 밀착형 감시망'을 구축하는 데 집중했다.

미추홀구 형제 사건 이후 많은 대책이 쏟아졌지만, 여전히 사각지대의 아이들은 존재하며 돌봄 노동자들의 처우와 인력 부족 문제는 해결되지 않은 숙제다. 제도는 틀을 만들었으나 그 안을 채울 세밀한 정성은 여전히 부족하다. 아이들의 웃음소리가 사라진 자리에 뒤늦게 세워진 방지책들은 나에게 늘 부채감으로 남는다.

나의 수첩에는 여전히 지켜내지 못한 생명들의 이름과, 예산의 우선순위에서 밀려난 돌봄의 의제들이 빽빽하게 적혀 있다. 기록은 이어지고 있으나, 사람을 귀하게 여기는 기록은 멈출 수 없다.

인천광역시 외국인 근로자 지원센터 설치 및 운영 조례를 발의하는 과정에서 상당한 이견과 마주했다. 자국민의 복지 우선순위를 내세우는 목소리들이 의회 내·외부에서 제기되었다. 그러나 행정적 관점에서 볼 때, 외국인 근로자는 이미 우리 지역 경제의 한 축을 담당하는 필수적인 노동력이다. 국적과 관계없이 이들이 안전하고 건강하게 일할 수 있는 환경을 조성하는 것은 지역 사회의 안정과 직결되는 실무적인 문제였다. 조례의 타당성을 입증하기 위해 현장의 구체적인 지표들을 수집했다. 언어 장벽으로 인해 산재 보험이나 임금 체불 문제에서 소외된 외국인 노동자들의 실상을 기록했다. 그들이 법률적 조력을 받고 한국 사회에 안정적으로 적응할 수 있도록 돕는 지원센터의 필요성을 정책적 논리로 설득했다. 결국 조례가 통과되고 센터가 문을 열었을 때, 그것은 우리 시가 노동의 가치를 보편적인 권리로 인식하기 시작했다는 하나의 실증적 근거가 되었다.

하지만 조례 제정 이후에도 여전히 현장에는 차별적인 시선과 제도적 사각지대가 존재한다. 지원센터의 운영 예산은 여전히 충분하지 않으며, 미등록 근로자 등 법의 테두리 바깥에 있는 이들에 대한 보호 대책은 여전히 헐겁다. 이 조례가 단순히 시설 운영의 근거를 넘어, 지역 내 모든 노동이 차별 없이 존중받는 사회로 나아가는 실질적인 도구가 되도록 나는 계속해서 현장의 목소리를 청취하고 제도를 보완해 나갈 수 있도록 노력할 것이다.

생활 환경의 조율과 행정적 책임
- 주물공장 악취와 물류센터 소음

도시의 확장은 필연적으로 낡은 산업 지대와 새로운 주거 단지의 물리적 충돌을 야기한다. 미추홀구 도화지구 아파트 단지는 수천 세대가 입주한 대규모 주거지였으나, 그 담장 너머에는 수십 년간 가동되어 온 주물공장이 자리 잡고 있었다. 여름철 대기가 정체되고 남풍이 불어오는 날이면, 공장에서 뿜어져 나오는 비릿한 금속 타는 냄새와 분진이 아파트 단지 전체를 덮었다. 주민들에게 그것은 단순한 민원이 아니라, 창문을 열 권리와 빨래를 널 권리를 박탈당한 생존의 문제였다. 나는 민관협의체의 대표를 맡아 이 갈등의 한복판으로 들어갔다. 현장에서 확인한 주물공장의 내부는 열기와 매연으로 가득했다. 금속을 녹이는 용해로에서는 쉴 새 없이 연기가 피어올랐고, 집진 시설은 노후화되어 제 기능을 다 하지 못하고 있었다. 공장 측은 '법적 배출 기준'을 준수하고 있다고 강변하며 경제적 손실을 우려했고, 주민들은 환경권의 침해를 근거로 즉각적인 폐쇄나 이전을 요구했다. 양측의 주장은 평행선을 달렸고, 행정청은 사유재산권과 환경권 사이에서 명확한 결론을 내리지 못한 채 관망하고 있었다.

단순히 한쪽의 손을 들어주는 방식으로는 이 거대한 매듭을 풀 수 없다고 판단했다. 실무적인 해결을 위해 공장의 오염 물질 배출 현황을 일자별, 시간별로 정밀하게 데이터화했다. 또한, 이전 부지 확보를 위한 후보지들을 조사하고, 이전 시 발생하는 비용 보전과 행정적 지원 방안을 행정청과 협의했다. 수차례 이어진 협의체 회의는 늘 고성과 불신이 오가는 험난한 과정이었다. 나는 중재자로서 공장 측에는 노후 시설의 한계와 주거 밀집 지역 내 가동의 부적절성을 논리적으로 설득했고, 주민들에게는 행정적 절차에 필요한 최소한의 물리적 시간을 확보해 달라고 요청했다. 끈질긴 협상 끝에 공장 이전을 확정 지었을 때, 그것은 환경권과 산업 자본의 이해관계를 행정적으로 조율해낸 실무적 결과였다. 실제로 공장이 가동을 멈추고 이전을 시작하던 날, 주민들이 비로소 창문을 활짝 열게 된 풍경은 나에게 정치의 실체가 무엇인지를 보여주었다.

하지만 공장이 떠난 자리에는 여전히 과제가 남았다. 이전 부지에서의 또 다른 갈등 가능성을 차단하고, 기존 부지가 주민들을 위한 공원이나 공공시설로 온전히 환원되도록 지켜보는 사후 관리 업무가 그것이다. 공장을 옮기는 물리적 행위보다 더 어려운 것은, 도시 설계 단계에서부터 주거지와 공업 지역을 엄격히 분리하지 못한 과거의 행정적 오류를 바로잡는 시스템을 구축하는 일이다. 이 경험을 바탕으로, 인천의 주거 정책이 산업 시설과의 단순한 공존이 아닌, '인간의 생활 환경'을 최우선으로 고려하는 설계 지침을 갖추도록 지속적으로 정책적 제안을 이어갈 계획이다.

그리고 대기업 물류센터 소음 역시 주민 고충이 상당했다. 도화동 대형 물류센터 인근 주민들의 고통은 태양이지고 난 뒤, 도시가 잠드는 시간에 시작되었다. 24시간 가동되는 물류 시스템의 특성상, 야간에도 수백 대의 대형 트럭이 센터를 드나들었다. 거대한 디젤 엔진의 공회전 소리와 공기 압축 브레이크가 내뿜는 날카로운 소음은 방음창을 뚫고 주민들의 침실까지 침투했다. 행정기관의 답변은 늘 동일했다. "소음 측정 결과, 법적 허용 기준치 이내입니다." 숫자는 거짓말을 하지 않는다고 하지만, 때로는 사실을 은폐한다. 법적 기준치는 일정 시간 동안의 평균 소음을 측정하지만, 주민들이 고통받는 것은 불규칙하게 터져 나오는 순간적인 충격음과 저주파 진동이었다. 나는 이 간극을 증명하기 위해 소음 측정기를 대여하여 새벽 4시의 현장으로 나갔다. 어둠 속에서 측정기 위에 찍히는 데시벨 수치는 법적 기준선 근처를 오르내렸지만, 현장에서 직접 듣는 엔진 소리는 평온한 수면을 방해하기에 충분한 물리적 압박이었다.

현장에서 직접 측정한 데이터와 야간 가동 일지를 근거로 물류업체 대표와 행정청 관계자들을 현장으로 불러냈다. 안락한 사무실이 아닌, 소음이 실재하는 새벽의 길거리에서 회의를 진행했다. 기업의 물류 효율성보다 주민의 수면권이 우선되어야 한다는 원칙을 세우고, 구체적인 방음벽 설치 구간과 야간 트럭 동선의 우회 방안을 제시했다. 업체 측은 추가 비용 문제를 들어 난색을 표했으나, 지속적인 현장 점검과 행정적 압박을 멈추지 않았다. 수개월 간의 줄다리기 끝에 물류센터 주변으로 대규모 방음벽이 세워졌고, 야간 진출입 동선이 주거지 반대 방향으로 조정되었다. 새벽의 정적이 어느 정도 회복되었을 때, 나는 정치가 현장의 구체적인 사실을 근거로 행정의 경직된 숫자를 깨트려야 한다는 사실을 재확인했다.

그러나 방음벽 설치가 모든 문제를 근본적으로 해결한 것은 아니다. 물류 산업이 거대화될수록 도시 곳곳에서 이와 유사한 마찰은 반복될 것이다. 물류센터와의 마찰을 해결한 경험은 나에게 소중한 자산이 되었지만, 동시에 도시 계획 단계에서 생활소음에 대한 환경 영향 평가가 얼마나 더 엄격하게 이루어져야 하는지를 시사한다. 조례 한 장이 소음을 완전히 차단할 수는 없으나, 그 조례가 예산의 근거가 되고 기업의 사회적 책임을 강제하는 수단이 될 때까지 나는 실무적인 보폭을 늦추지 않을 것이다. 주민들이 불안 없이 단잠을 이룰 수 있는 환경을 만드는 것, 그것이 내가 수첩에 적어 내려가는 정치의 최종 목적지다.

노동의 가치와 생명의 거리
- 지역아동센터 호봉제

사회복지 현장에서 처우 개선이라는 과제는 늘 예산의 우선순위와 행정의 효율성이라는 명분 앞에 가로막히곤 했다. 특히 지역아동센터는 아동 돌봄의 최전선에서 가장 낮은 곳의 아이들을 품고 있음에도 불구하고, 오랫동안 열악한 임금 체계 속에 방치되어 있었다. 시설의 규모에 따라 국가 보조금이 차등 지급되는 구조 속에서, 소규모 시설 종사자들은 10년을 일해도 신입 사원과 크게 다르지 않은 임금을 받는 '단일 임금 체계'의 부재를 몸으로 견뎠다. 호봉제 없는 노동은 내일을 담보할 수 없는 지루한 인내였다. 의회 활동을 통해 이 문제를 단순히 '임금 인상'이라는 정서적 요구가 아닌, '복지 노동의 지속 가능성'이라는 정책적 관점에서 접근했다. 아동 돌봄의 질은 그 서비스를 제공하는 종사자의 고용 안정성과 직결된다. 종사자가 잦은 이직을 선택할 때, 아이들이 느끼는 정서적 단절은 수치로 환산할 수 없는 손실이다. 나는 시 행정부와의 예산 협의 과정에서 지역아동센터 종사자들의 이직률 데이터와 경력 단절의 폐해를 분석한 자료를 근거로 제시했다.

전국 최초로 지역아동센터 종사자들에게 적용되는 '인건비 가이드라인'을 수립하고, 경력에 따라 정당한 보상이 이뤄지는 호봉제를 도입하기 위한 예산 확보에 집중했다. 행정청은 예산의 총액을 근거로 난색을 표했으나, 나는 타 복지 시설과의 형평성 문제와 '동일 노동 동일 임금'의 원칙을 들어 그들을 설득했다. 조례의 문구를 다듬고 예산안의 세부 항목을 조정하며, 나는 복지 노동의 가치가 비로소 숫자로 인정받는 과정을 기록했다. 결국 호봉제가 도입되고 급여 체계가 개선되었을 때, 그것은 인천의 아동 복지 시스템을 실무적으로 한 단계 격상시킨 기록이 되었다. 하지만 호봉제 도입 이후에도 여전히 현장에는 해결되지 않은 실무적 한계들이 남아 있다. 시설의 유형에 따른 미세한 임금 격차는 여전히 존재하며, 행정 절차의 복잡성으로 인해 현장의 실무 부담은 경감되지 않았다. 제도는 문턱을 낮추었으나, 그 안을 채울 인력 운영의 고도화는 여전히 보완되어야 할 과제이다.

섬의 물리적 고립과 생존의 확률

- 여객선 구급차화와 인천형 닥터 카 시스템

인천은 168개의 섬을 품고 있는 도시다. 이 지리적 특성은 섬 주민들에게 생명을 '거리와 시간'의 문제로 치환시킨다. 육지에서는 구급차로 10분이면 도달할 거리가 섬에서는 배 시간을 기다리고 파도의 높이를 가늠해야 하는 절박한 생존의 전장이 된다. 특히 야간이나 악천후 시 발생하는 응급 상황은 섬 주민들에게는 국가의 부재를 실감케 하는 거대한 장벽이었다. 나는 응급실 없는 섬에서 구조의 손길을 기다리다 치료의 적기(Golden Hour)를 놓치는 물리적 한계를 수첩에 기록했다. 여객선을 구급차처럼 활용할 수 있는 장비를 설치하고, 응급 환자 발생 시 여객선에 구급차를 실어 육지의 상급 병원까지 직접 연결하는 '여객선 구급차화' 시스템을 구축하는 데 실무적인 역량을 쏟았다. 또한, 육지의 의료진이 섬으로 신속히 진입할 수 있도록 '인천형 닥터 카'와 '닥터 헬기'의 운영 매뉴얼을 현장 중심으로 재점검했다. 행정의 논의 과정에서 수익성과 이용 빈도를 따지는 이들에게, 나는 생명의 가치에는 경제적 효율이라는 잣대가 적용되어서는 안 된다고 반박했다. 사는 곳이 다르다는 이유로 생존의 확률이 달라지는 것은 행정의 명백한 책임 방기이기 때문이다.

실제로 여객선 구급차 시스템이 가동되고 응급 환자 이송 체계가 작동하면서 섬 주민들의 심리적 불안은 일정 부분 완화되었다. 하지만 이 기록 또한 완결된 것은 아니다. 섬 지역의 만성적인 의료 인력 부족과 노후화된 보건소의 장비 보강 문제는 여전히 해결되지 않은 숙제다. 닥터 카가 출발해도 기상 상황에 따라 멈춰 서야 하는 물리적 한계는, 제도가 여전히 자연의 제약 앞에 얼마나 나약한지를 보여준다. 섬 지역의 응급 의료는 조례 하나로 완성되는 것이 아니다. 육지와 섬을 잇는 촘촘한 교통망의 연계와, 상주 의료 인력의 안정적인 수급이 동시에 이루어져야 한다. 비록 시간이 더 소요되더라도, 섬 구석구석까지 생명의 안전망이 실질적으로 작동할 때까지 실무적 보폭은 끊임없이 이어져야 한다. 생명의 존엄을 지키기 위해 우리가 더 채워야 할 공백들을 지시하는 기록과 조례는 곧 인계서이기 때문이다.

IV

패배가 빚어낸 깊이와 또 다른 시작

낙선 직후의 골목길

인천시사회복지사협회장 선거

현장을 정책으로 바꾸다

사회복지사의 삶을 지키다

일상의 작은 정치

다시 정치의 길을 바라보다

신념의 계보, 어머니 그리고 형님

낙선 직후의 골목길

개표방송이 끝났을 때, 사무실은 낯선 정적에 잠겨 있었다. 벽에 붙은 선거 포스터는 아직도 그날의 열기를 간직하고 있었지만, 사람들은 하나둘 자리를 떠났다. 남은 것은 공보물 몇 권, 구겨진 명함, 그리고 유세 중 받은 손편지 몇 장이었다. "의원님 덕분에 처음으로 투표하러 갔어요.", "정치가 사람 얘기를 할 수 있다는 걸 알게 됐습니다." 짧지만 뜨거운 문장들이었다. 그 편지들을 주머니에 넣으며 나는 천천히 사무실 문을 닫았다. 건물 밖으로 나서자, 신선한 새벽 공기가 뺨을 스쳤다. 공기는 싸늘했지만 묘하게도 밝았다. 그 밝음 속에서 패배의 씁쓸함이 조금씩 가라앉았다. 정치에서의 패배는 단순히 자리를 잃는 일이 아니었다. 그것은 '책임의 무게'를 다시 느끼게 하는 일이었다. 의회라는 공간에서는 더 이상 나의 이름이 불리지 않았지만, 현장에서는 여전히 사람들이 나를 찾았다. 그들은 "이제 어디로 가시냐."고 물었고, 나는 대답 대신 미소를 지었다. 그 순간 깨달았다. 의회는 나의 직장이었지만, 정치란 여전히 나의 업이었다. 직함이 사라져도 책임은 남는다. 선거의 끝은 권력의 종착지가 아니라, 신뢰의 시험대였다.

그날 집으로 돌아가는 길은 유난히 길었다. 거리는 조용했고, 상점의 불빛은 꺼져있었다. 차창에 비친 내 얼굴은 피곤했지만 이상하게도 평온했다. 정치의 긴 여정을 걸으며 나는 수많은 승리와 패배를 봤다. 그러나 그중에서도 오늘은 달랐다. 낙선은 실패가 아니라, 정치가 다시 사람에게로 돌아가는 과정이었다. 나는 마음속으로 되뇌었다. "넘어질 수는 있어도 멈추지 말자. 무너질 수는 있어도 다시 일어서는 걸 두려워하지 말자."

패배 이후 며칠간, 많은 이들이 위로 전화를 걸어왔다. "그래도 최선을 다했잖아요." "다음엔 꼭 될 거예요." 하지만 이상하게도 위로는 마음에 닿지 않았다. 오히려 위로보다 필요한 것은 고요였다. 남은 임기를 마무리하기 위해 사무실로 출근했다. 그리고 오랜만에 동네를 걸었다. 공원 벤치에 앉아 커피를 마시던 노인, 학교 앞에서 아이 손을 잡고 걷는 부모, 버스를 기다리는 청년들. 그들의 얼굴 속에 내가 다시 서야 할 이유가 있었다. 정치의 본질은 말이나 구호가 아니라, 그 얼굴들 속에 있는 일상의 시간들이었다.

패배의 상처가 무뎌질 즈음, 나는 문득 손편지들을 다시 꺼내 읽었다. 글씨는 삐뚤었지만 진심이 담겨 있었다. "의원님이

있어서 좋았습니다." "정치가 누군가의 삶을 바꾸는 일이라는 걸 배웠어요." 편지를 읽으며 생각했다. 내가 정치인이었던 이유는 누군가의 하루를 바꾸기 위해서였다. 제도나 정책보다 중요한 건, 사람의 신뢰였다. 정치가 권력의 언어로만 채워질 때, 사람들은 떠난다. 하지만 그 언어가 다시 인간의 목소리를 닮아갈 때, 정치는 다시 살아난다. 나는 그 단순한 진실을 낙선의 밤에 배웠다. 그날 이후로, 나는 매일 일기를 썼다. "오늘은 정치가 사람의 얼굴로 돌아오는 날이 되어야 한다." 짧은 문장이었지만 내게는 다짐의 문장이었다. 회의장 대신 복지시설의 사무실을 찾고, 연단 대신 현장의 책상을 마주했다. 때로는 행정의 벽 앞에서, 때로는 예산의 한계 앞에서 좌절했지만, 그 순간마다 스스로에게 물었다. "정치가 이 벽을 넘지 못한다면, 누가 넘을 것인가." 낙선은 끝이 아니라 정치의 재정의였다.

사람들은 종종 정치인을 결과로 평가하지만, 정치는 과정으로 남는다. 선거에서 진 사람의 이름은 뉴스에서 금세 사라지지만, 사람들 속에 남은 신뢰는 사라지지 않는다. 나는 정치인으로서의 이름을 잃었지만, 시민으로서의 존재를 되찾았다. 낙선의 시간은 오히려 나를 더 자유롭게 했다. 의회 밖의 정치는 훨씬 넓었고, 훨씬 인간적이었다. 나는 그제야 깨달았다. 정치의 본질은 '이기는 것'이 아니라 '멈추지 않는 것'이라는 사실을.

밤이 깊어지면 창가에 앉아 생각했다. "나는 왜 정치를 시작했는가.” 떠오른 얼굴들이 있었다. 항암치료 중에도 웃음을 잃지 않았던 아이, 비정규직 근로자로 평생 일하다 은퇴한 노인, 돌봄의 책임을 홀로 짊어진 사회복지사. 그들의 얼굴 하나하나가 나를 다시 일으켜 세웠다. 그 얼굴이 내 정치의 이유였고, 앞으로의 방향이었다. 낙선의 골목길에서 나는 다시 출발선에 섰다. 정치의 자리에서는 물러났지만, 정치의 마음에서는 한 발짝도 물러서지 않았다. 패배는 나를 작게 만들지 않았다. 오히려 단단하게 다듬었다. 정치란 사람의 신뢰를 잃지 않는 일이고, 복지란 그 신뢰를 지켜내는 일이다. 나는 여전히 그 길 위에 있다. 눈에 보이는 성과는 없었지만, 마음속엔 하나의 확신이 남았다. “정치의 꽃은 복지이고, 복지의 뿌리는 사람이다.” 낙선의 밤은 끝이 아니라, 그 확신을 다시 확인한 시작이었다.

인천시사회복지사협회장 선거

낙선 이후 나는 한동안 정치와 거리를 두었다. 유세 현장의 소음이 귀에 맴돌았고, 개표방송의 잔상이 눈앞을 떠나지 않았다. 정치는 잠시 멈췄지만, 사람들의 삶은 멈추지 않았다. 그래서 나는 다시 현장으로 돌아갔다. 오랜 동료 사회복지사들과 차를 마시며 근황을 나누고, 지역의 작은 복지시설들을 직접 찾았다. 현장은 여전히 숨 가쁘게 돌아가고 있었다. 그러나 그 안에서 일하는 사람들의 표정은 달라져 있었다. "올해는 사회복지사 처우개선이 제자리입니다." "정규직 전환 얘기는 아예 꺼내지도 못해요." 피곤한 얼굴 속엔 체념보다 더 깊은 무기력이 깔려 있었다. 정치가 멀어진 자리에서 행정은 냉정해졌고, 현장은 홀로 버티고 있었다.

그때 한 통의 전화가 걸려왔다. "의원님, 이번에 사회복지사협회장 선거가 있습니다. 현장이 너무 힘들어요. 나서주셔야 합니다." 전화기 너머의 목소리는 간절했고, 그 말이 내 마음을 흔들었다. 협회장은 행정의 임명이 아니라 인천 전역의 사회복지사들이 직접 투표로 선출하는 자리였다. 제도의 권력이 아닌, 현장의 신뢰로 세워지는 자리였다. 하지만 그 말을 듣는 순간, 솔직히 두려웠다. 나는 이미 두 번의 선거를 치렀고, 두 번 다 쓰라린 패배를 맛본 상태였다. 20대 대선에서 더불어민주당 인천 선대위 종합상황실장을 맡았을 때도, 그 결과는 아쉬움으로 끝났다. 그다음 광역의원 선거에서도 낙선했다. 선거라는 단어만 들어도 가슴이 무거웠다. 그러나 현장은 나를 놓아주지 않았다. 며칠 뒤, 동료 사회복지사들이 사무실을 찾아와 다시 한 번 말했다. "의회에서 못한 일, 이제 현장에서 해주세요." "사회복지사의 권익을 대변할 수 있는 사람은 결국 당신뿐이에요." 그 말은 위로가 아니라 명령처럼 들렸다. 그렇게 나는 다시 출마를 결심했다. 그 결정은 욕심이 아니라, 책임에서 비롯된 것이었다. 정치는 멈췄지만 복지는 멈출 수 없었기 때문이다.

인천시사회복지사협회장 선거는 생각보다 훨씬 더 치열했다. 공직선거처럼 명확한 규정도, 보호 장치도 없었다. 개인적인 공격이나 근거 없는 비난이 이어졌지만, 나는 그때마다 현장을 돌며 사람들을 만났다. 점심시간엔 좁은 식당의 네모난 테이블에 앉아 김밥을 나눠 먹었고, 야간 근무 교대 직전의 피곤한 얼굴들과 함께 컵라면을 먹으며 이야기를 들었다. "우린 언제쯤 우리의 노동을 노동이라고 말할 수 있을까요?" "사회복지사라는 이름에 왜 늘 희생이 따라야 합니까?" 그 물음 앞에서 나는 고개

를 끄덕였다. 그리고 말했다. "언제 바뀔지는 모르지만, 누군가는 지금 시작해야 바뀝니다." 하루 일정은 늘 같았다. 아침엔 요양시설, 오후엔 장애인복지관, 저녁엔 아동센터. 때로는 하루에 열군데 이상의 현장을 방문해야 했다. 어떤 날은 자정이 넘어서야 집에 들어왔다. 피로가 밀려왔지만, 이상하게도 마음은 가벼웠다. 낙선 이후 멈춰 있던 시간이 다시 흐르고 있었다. 사회복지사 한 사람, 한 사람의 손을 잡으며 깨달았다. 이 선거는 개인의 복귀가 아니라 공동체의 회복을 위한 과정이라는 것을.

선거운동의 방식은 달랐다. 화려한 현수막 대신 손편지를 썼고, SNS 홍보 대신 직접 전화를 걸었다. "이 일은 결국 사람의 신뢰로 결정됩니다." 그렇게 며칠 밤을 새우며 인천의 복지현장을 돌았다. 낡은 사무실의 불빛, 시설 앞의 조용한 간판, 늦은 시간까지 일하는 사회복지사의 모습들이 눈에 들어왔다. 그들의 하루가 곧 이 선거의 이유였다. 개표일, 나는 조용히 결과를 기다렸다. 전자개표가 끝나고, 내 이름 옆에 '당선'이라는 글자가 뜬 순간, 이상하게 눈물이 나지 않았다. 대신 어깨에 얹힌 무게가 느껴졌다. 그것은 기쁨이 아니라 책임의 무게였다. 나는 마음속으로 다짐했다. "이제부터는 의회가 아니라, 현장이 나의 의정이다."

"정치는 의회에만 있는 것이 아니다. 복지의 현장, 사람들의 삶 속에서도 정치가 숨 쉰다." 내가 믿는 정치는 바로 그런 것이었다. 말과 구호가 아니라, 누군가의 하루를 바꾸는 일. 작은 행정 절차 하나, 예산 조정 하나, 그 안에 사람의 삶이 걸려 있다는 사실을 잊지 않는 것. 나는 의회에서 배운 언어를 현장에

서 다시 번역하기 시작했다. 협회장으로서의 첫날, 나는 수첩 한쪽에 이렇게 적었다. "정치는 멀리 있지 않다. 그것은 오늘 내 앞의 사람을 이해하고, 그 사람의 하루를 더 낫게 만드는 일이다." 그 문장은 이후 나의 좌우명이 되었다. 의회에서의 정치가 제도와 법의 언어였다면, 협회의 정치는 사람과 신뢰의 언어였다. 나는 그 언어로 다시 정치를 배우기 시작했다. 그렇게 나는 복귀했다. 하지만 그 복귀는 화려한 재등장이 아니라, 조용한 귀환이었다. 나는 현장의 냄새와 사람의 목소리로 돌아왔다. 그리고 그곳에서 다시 깨달았다. 정치란 직업이 아니라, 태도라는

것을. 제도의 안에서건, 밖에서건, 사람의 편에 서는 일을 포기하지 않는 것. 그게 내가 선택한 정치의 길이었다. 낙선은 나를 멈추게 하지 못했다. 오히려 내 발걸음을 다시 현장으로 돌려세웠다. 그리고 그 현장이, 다시 나를 정치로 이끌었다.

현장을 정책으로 바꾸다

협회장으로 당선된 뒤, 다시 공적 공간의 한가운데로 들어왔다. 그러나 이번에는 의회가 아니라, 현장이었다. 협회의 문을 열던 첫날, 스스로에게 물었다. "정책은 어디서 태어나는가?" 그 답은 오래 고민할 것도 없었다. 의정활동 시절 내내 나는 그 답을 현장에서 봤기 때문이다. 정책은 서류나 회의에서 만들어지지 않는다. 그것은 사람의 삶 속에서, 필요와 절박함 속에서 생겨난다. 협회장으로서 내가 해야 할 일은 그 현장의 목소리를 다시 제도의 언어로 번역하는 일이었다.

취임 첫 주, 나는 협회 임원과 사무처 직원들과 첫 회의를 열었다. 나는 회의 시작과 동시에 말했다. "협회는 더 이상 단순한 이익단체가 아닙니다. 현장의 목소리를 정책으로 바꾸는 곳, 시민이 기댈 수 있는 공동체가 되어야 합니다." 그 말은 다짐이자 선언이었다. 우리는 슬로건을 정했다. '실력 있는 협회, 신나는 사회복지 현장.' 구호는 단순했지만, 그 안에는 복지의 주체를 다시 세우겠다는 의지가 담겨 있었다. 공약을 하나씩 점검했다. 전국 최고 수준의 임금체계 구축, 사회복지사 처우개선 로드맵, 좋은 일자리 확충, 직무 환경 개선, 그리고 사회복지사의 위상 강화. 어느 하나 쉽지 않은 과제였다. 하지만 협회가 해야 할 일은 불가능을 줄이는 것이 아니라, 가능성을 키우는 일이었다. 협회장실 한쪽 벽면에는 공약 이행 현황표를 크게 붙였다. 각 항목 옆에는 일정과 책임자를 표시했다. 회의 때마다 진행률을 확인했고, 그 옆에 손수 메모를 남겼다. '이건 다음 달에 보고서로 전환.' '관련 부서 미팅 필요.' 그렇게 협회의 일은 하나씩 체계로 들어갔다.

협회의 중심에는 실무진이 있었다. 교육위원회, 정책위원회, 권익특별위원회 등 여러 위원회가 새롭게 구성되었다. 위원들은 모두 현장에서 뛰는 사회복지사들이었다. 이들은 행정보다 느리지만, 누구보다 정확했다. 그들의 제안은 현실적이었고, 언어는 생생했다. "교육은 많지만, 현장에서 쓸 수 있는 교육은 적어요." "정책은 있지만, 사회복지사의 하루를 바꾸진 못해요." 그 말들은 곧바로 협회의 사업계획서로 옮겨졌다. 협회는 책상 위의 계획서를 사람의 얼굴로 채우기 시작했다. 정책의 첫 실험은 사회복지사 처우개선 프로젝트였다. 사회복지사의 임금체계를 전국 평균보다 한 단계 높이는 것을 목표로 삼았다. 하지만 단순히 숫자를 올리는 것이 목적은 아니었다. 처우개선의 핵심은 '존중받는 일터'를 만드는 일이었다. 우리는 인천시와의 협의에서 단호하게 말했다. "임금도 중요하지만, 존중이 없는 조직은 오래 가지 못합니다."

협회의 또 다른 중요한 과제는 '사회복지사 권익강화'였다. 권익특별위원회는 시청의 관련 부서와 정기 간담회를 열었고, 복지 현장의 목소리를 직접 전달했다. 때로는 감정적인 논쟁도 있었다. 하지만 나는 그런 갈등을 두려워하지 않았다. 협회는 행정의 하청기관이 아니라, 사회복지사의 대표였다. 행정과 마주 앉는 일은 싸움이 아니라 설득이었다. 숫자와 예산으로 설득하되, 그 안에 사람의 이야기를 담았다. 나는 수첩에는 항상 짧은 사례를 실었다. '○○복지관 ○○○, 15년 차 사회복지사, 최근 이직 고려 중. 이유: 임금보다 존중의 부재.' 그 한 줄이 모든 수치보다 설득력 있었다. 책의 언어는 차가웠지만, 협회는 그 언어에

온기를 더했다. 교육과 정책, 행정과 현장을 잇는 다리로서의 역할이 협회의 본질이었다. 그래서 우리는 교육 방식을 바꿨다. 기존의 강의와 병행해서 토론형 워크숍을 도입했다. 사회복지사 정치아카데미, 복지리더십 포럼, 지역정책 연구모임 등 다양한 프로그램이 운영되었다. 참가자들의 반응은 달라졌다. "이제 교육이 아니라 연대의 장 같아요." "여기서 배운 건 제도를 움직이는 방법이에요." 협회는 점점 더 살아 있는 조직으로 바뀌어 갔다.

협회장으로서 나는 매일 일과가 끝나면 그날의 메모를 정리했다. 어떤 현장에서 어떤 이야기가 나왔는지, 누가 어떤 제안을 했는지, 무엇이 다음 단계로 넘어가야 하는지를 기록했다. 기록은 나의 습관이었고, 정책의 씨앗이었다. 때로는 새벽까지 노트북 앞에 앉아 있었다. 서류의 문장은 딱딱했지만, 그 안에는 사람들의 얼굴이 있었다. 나는 늘 그 얼굴들을 잊지 않으려 했다. 현장의 사회복지사들도 자신들의 권리를 스스로 말하기 시작했다. 나는 그 모습을 보며 확신했다. 협회의 성장은 한 사람의 리더십이 아니라, 모두의 주체성이 만들어내는 변화라는 것을. 복지는 수직적 구조에서 만들어질 수 없다. 그것은 참여와 존중, 협력의 과정에서만 완성된다.

협회 사무실에 출근하면 나는 잠시 벽면의 공약 현황표를 바라보았다. 아직 완성되지 않은 칸들이 눈에 들어왔다. 그러나 나는 알고 있었다. 중요한 건 완성의 속도가 아니라 방향의 정확성이라는 것을. 복지정책의 나침반은 언제나 사람을 가리켜야 했다. 협회에서의 시간은 내게 또 다른 정치의 학교였다. 나는 법과 제도를 넘어, 사람의 마음을 움직이는 정치가 가능하다는 것을 배웠다. 행정이 멈춘 곳에서 사람들은 스스로 제도를 움직였다. 그것이 바로 복지의 힘이었다. 협회는 그렇게 한 사람의 리더가 아니라, 수많은 현장의 손길이 만들어낸 작은 정치의 현장이 되어 있었다. 그리고 나는 그 속에서 다시 깨달았다. 정치란 권력의 언어가 아니라, 사람의 삶을 바꾸는 기술이라는 것을.

사회복지사의 삶을 지키다

협회장으로 취임한 이후, 내가 가장 먼저 마주한 벽은 '현장의 피로감'이었다. 그 피로는 단순한 업무의 과중함이 아니었다. 사회복지사들이 느끼는 피로는 구조적인 불평등에서 비롯된 것이었다. 누군가의 삶을 지탱하기 위해 일하지만, 정작 자신들의 삶은 불안정한 상태로 방치되어 있었다. 낮은 임금, 불규칙한 근무, 계약직이라는 꼬리표. 그 모든 것이 사회복지사들의 마음을 갉아먹고 있었다. 나는 이 문제를 해결하지 않고는 그 어떤 정책도 완성될 수 없다고 생각했다. 그래서 협회의 최우선 과제를 '사회복지사의 삶을 지키는 일'로 정했다. 우선 인천시와 함께 3개년 사회복지사 처우개선 로드맵을 만들었다. 이 로드맵은 단순히 임금을 올리는 계획이 아니었다. 사회복지사의 노동 환경 전반을 점검하고, 그 안에서 존중받는 일터를 만드는 데 초점을 맞췄다.

협회는 단기성과보다 구조적 변화를 택했다. 사회복지사들의 임금이나 수당 인상보다 먼저 '존중받는 일터'를 만들기로 한 것이다. 나는 수시로 시청의 담당 부서를 찾았고, 국장·과장들과의 간담회를 반복했다. 협의는 때로 길고 지루했지만, 한 걸음씩 전진했다. 인천시 복지 담당자와 부서, 사회복지직능단체별 대표가 참여하는 협치 워크숍을 매년 열었고, 직능별 정책협의회를 만들어 세부 직종의 요구를 조율했다. 각 직종의 대표들이 직접 발언권을 갖도록 구성한 것도 그 일환이었다. "이제 우리 목소리를 대신해주는 게 아니라, 우리가 직접 말할 수 있습니다." 한 사회복지사의 말이었다. 그 문장은 협회의 방향이 옳았다는 증거였다.

협회의 내부 변화도 컸다. 우리는 협회의 교육 프로그램을 개편해 사회복지사의 역량 강화와 리더십 교육을 병행했다. 조직 내 관계의 문제, 팀워크, 감정노동에 대한 이해—이 주제들은 사회복지사의 심리적 회복을 이끌어냈다. "우리가 돌보는 사람만큼, 우리도 돌봄이 필요했습니다." 교육 종료 후 남긴 설문지의 한 문장이 지금도 내 마음에 남아 있다. 이 시기 협회의 활동은 전국의 주목을 받았다. 인천시는 사회복지사 임금체계와 처우 개선 기준을 전국 상위권으로 끌어올렸고, 권익지원사업을 통해 인권보호 가이드라인도 전국에서도 높은 수준으로 올렸다. 복지 현장에서의 부당한 대우, 폭언, 인권침해 사례를 비공개로 접수하고 법률 자문과 연계했다. "이제 누군가가 우리 편이 되어주는구나." 사회복지사들의 이런 반응은 협회의 가장 큰 보람이었다. 나는 협회장으로서 '협치'라는 단어를 자주 사용했다. 협치는 행정과 민간이 서로의 역할을 인정하며 함께 책임을 나누는 과정이다. 그 과정은 결코 매끄럽지 않았다. 하지만 나는 확신했다. 대화와 설득이 쌓이면, 결국 벽도 문이 된다는 것을. 협치의 시작은 '신뢰'였고, 신뢰의 완성은 '결과'였다.

협회장으로 있으면서 가장 크게 느낀 변화는 '사회복지사의 자존감'이었다. 예전에는 사회복지사들이 스스로를 '현장의 소모품'처럼 생각했다. 그러나 지금은 달랐다. 한 사회복지사가 내게 말했다. "이제 우리도 목소리를 낼 수 있고, 그 목소리를 들어주는 곳이 있습니다." 우리의 역량을 강화하고 전문성을 스스로 확신해나가는 과정들이었다. 협회는 이제 단순한 조직이 아니라, 사람들의 마음을 연결하는 공동체가 되어 있었다. 협회장의 임기 후반으로 갈수록, 나는 이 일을 정치의 연장선으로 보았다. 정치가 제도를 바꾸는 일이라면, 복지는 그 제도를 사람

의 언어로 번역하는 일이었다. 나는 사회복지사의 처우를 개선하는 일을 넘어, '존엄의 회복'이라는 더 큰 목표를 세웠다. 존중받는 일터는 단순히 근로환경의 개선이 아니라, 사회 전체의 품격을 높이는 일이다. 그 품격이 바로 복지국가의 토대이며, 내가 정치를 시작한 이유였다.

협회는 여전히 완성되지 않았다. 하지만 나는 확신한다. 사회복지사의 삶을 지키는 일은, 결국 모든 시민의 삶을 지키는 일과 맞닿아 있다. 사회복지사의 존중은 곧 시민의 존중이고, 사회복지사의 노동은 곧 사회의 신뢰다. 그래서 나는 말한다. "복지는 사람을 돕는 일이 아니라, 사회를 지탱하는 일이다." 그 말이 나의 정치적 신념이자, 협회가 지켜야 할 영원한 약속이다.

일상의
작은 정치

협회에서 일하며 다시 깨달았다. 정치는 국회나 의회에만 존재하는 게 아니었다. 누군가의 하루를 바꾸는 작은 결정 하나, 행정 절차의 순서를 조정하는 일, 예산 항목의 단어 하나를 고치는 일—그 모든 것이 정치였다. 정치는 멀리 있는 권력이 아니라, 가까이 있는 실천이었다. 협회장으로서 수많은 그런 순간을 마주했다. 정치의 결은 설득의 방식에서 드러난다. 강하게 밀어붙이는 대신, 상대가 움직일 수 있도록 문을 여는 일. 그 문이 협치였다. 협치는 단순한 협의가 아니라, 서로의 언어를 이해하는 과정이었다. 행정은 수치와 법률로 말했고, 현장은 체감과 감정으로 말했다. 그 사이의 간극을 메우는 일이 바로 협회의 역할이었다. 때로는 협회가 공무원의 방패막이 역할을 하기도 했고, 때로는 현장의 불만을 행정에 전달하는 다리가 되기도 했다. 나는 이 역할을 '정치적 통역'이라 불렀다. 서로 다른 언어를 같은 방향으로 맞추는 일이었다.

협회의 활동이 늘어나면서, 언론의 관심도 커졌다. 한 기자가 물었다. “회장님은 스스로를 정치인이라고 생각하십니까?” 나는 잠시 생각하다가 이렇게 답했다. “정치는 자리를 뜻하는 게 아닙니다. 정치란 방향을 말하는 겁니다. 내가 지금 가고 있는 길이 사람을 향하고 있다면, 그건 이미 정치입니다.” 기자는 잠시 멈칫하더니 웃었다. “좋은 정의네요.” 나는 그 웃음 속에서 오랜만에 가벼운 안도감을 느꼈다. 정치가 무겁지 않아도 된다는 사실, 그건 협회에서 배운 또 다른 교훈이었다. 협회의 내부에서도 작은 정치는 계속 이어졌다. “좋은 협회는 합의의 속도가 아니라, 공감의 깊이로 평가받습니다.” 그 말은 협회 운영의 기본 원칙이 되었다.

나는 이 모든 과정을 '일상의 정치'라 불렀다. 정치는 국회와 지방의회에서만 일어나지 않는다. 작은 공간에서도, 조용한 현장에서도, 사람의 존엄을 지켜내는 모든 행동이 정치다. 사회복지사들의 근로조건을 개선하는 것도 정치였고, 복지시설의 냉난방기 교체를 앞당기는 것도 정치였다. 때로는 한 통의 전화로, 때로는 한 장의 보고서로, 그리고 때로는 한 사람의 간절한 목소리로 정치가 작동했다. 시간이 흐르면서 나는 점점 더 확신하게 되었다. "정치는 제도보다 마음에서 시작한다." 협회에서 보낸 시간은 그 확신을 증명하는 시간이기도 했다. 협회가 바꾼 것은 법, 규정, 지침 몇 개가 아니라, 사람들의 태도였다. 행정은 현장을 존중하기 시작했고, 사회복지사들은 스스로의 일을 자부심으로 말하기 시작했다. 작은 정치가 만들어낸 큰 변화였다. 퇴근길에 나는 종종 창밖을 바라보았다. 인천의 거리엔 여전히 불빛이 많았다. 그 불빛 하나하나가 복지시설의 창이었고, 누군가의 삶이 이어지고 있는 공간이었다. 나는 그 불빛을 보며 생각했다. "정치는 결국, 이 불빛이 꺼지지 않게 하는 일이다." 거대한 구호나 수사가 아니라, 사람의 삶을 지키는 작은 개입. 그것이 내가 믿는 정치였다. 협회에서 배운 이 일상의 정치가, 언젠가 다시 큰 정치의 무대로 이어지더라도, 그 본질만큼은 변하지 않을 것이다.

다시
정치의 길을 바라보다

협회에서의 시간은 나에게 또 하나의 학교였다. 정치의 학교이자, 인간의 학교였다. 나는 행정과 제도의 구조를 다시 배우고, 사람들의 마음이 움직이는 방식을 다시 익혔다. 그러나 동시에 깨달았다. 현장의 힘만으로는 넘을 수 없는 벽이 있다는 것을. 제도의 근본적인 틀을 바꾸지 않으면, 복지는 언제나 그 벽 앞에서 멈춘다는 사실이었다. 그 벽의 이름은 정치였다. 그리고 나는 다시 그 문 앞에 서 있었다.

정치로 돌아가야겠다는 결심은 어느 날 갑자기 찾아온 것이 아니었다. 매일 아침 협회 사무실 창가에 앉아 '정책 메모'를 쓰던 그 시간들이 쌓여서 만들어진 결심이었다. 기본소득, 돌봄 체계, 공공의료, 주거 복지, 청년 지원—나는 매일 한 가지 주제를 정해 짧은 문장을 남겼다. '복지는 비용이 아니라 사회의 기반이다.' '기본소득은 인간의 존엄에 대한 최소한의 합의다.' '주거 안정이 없는 사회는 가족의 해체로 이어진다.' 이 문장들은

2021 2022

처음엔 나 자신에게 보내는 다짐이었지만, 어느새 누군가에게 전하고 싶은 메시지가 되어 있었다. 나는 그 순간을 직감했다. “나는 아직 이 일을 끝내지 않았다.”고.

언론 인터뷰에서 기자들이 물었다.

“정치로 다시 돌아갈 생각이 있으십니까?”

나는 늘 같은 말로 답했다.

“아직은 때가 아닙니다. 하지만 정치가 내게서 떠난 적은 없습니다.”

그 대답은 회피가 아니라 확신이었다. 나는 지금도 정치 안에 있었다. 협회에서 정책을 설계하고, 사회복지사의 권익을 지키며, 행정의 방향을 바꾸는 모든 순간이 정치였다. 다만 그것이 제도의 인이 아니라, 현장의 언어로 표현되고 있었을 뿐이었다.

정치로 복귀하겠다는 마음을 굳히게 한 결정적 계기는 시민들과의 만남이었다. 어느 복지 현장 행사에서 한 어르신이 내 손을 꼭 잡으며 말했다. “이제 다시 나가야지. 우리 같은 사람의 이야기를 네가 아니면 누가 하겠어.” 짧은 말이었지만, 그 한마디에 모든 고민이 정리되었다. 정치의 이유는 거창하지 않았다.

누군가의 삶을 지켜야 한다는 단순한 의무감, 그것이면 충분했다. 돌아보면 나는 여러 번 넘어졌다. 첫 선거의 불안, 낙선의 좌절, 행정의 무관심, 협치의 벽. 하지만 그 어느 순간에도 완전히 무너진 적은 없었다. 실패는 끝이 아니라 과정이었다. 넘어졌지만 다시 일어서는 법을 배웠고, 그 과정에서 정치의 의미를 새로 썼다.

협회에서 만난 젊은 사회복지사들이 종종 내게 물었다.

"회장님, 정치가 왜 그렇게 중요합니까?"

나는 잠시 생각하다가 말했다.

"정치는 사회가 어느 방향으로 나아갈지를 정하는 나침반입니다. 복지는 그 나침반이 가리키는 목적지예요. 둘 중 하나라도 흔들리면, 사회는 길을 잃습니다."

그들은 조용히 고개를 끄덕였다. 나는 그들의 눈빛 속에서 미래를 보았다. 언젠가 그들 중 누군가는 정치의 길에 서서, 지금의 나처럼 또 다른 세대에게 말을 걸 것이다.

여전히 협회장으로 일하고 있다. 하지만 마음 한편에서는 이미 다음 여정을 준비하고 있다. 협회에서의 경험은 다시 정치로 나아가기 위한 가장 현실적인 훈련이었다. 행정의 언어와 사람의 언어를 잇는 다리, 숫자와 얼굴 사이의 간극을 메우는 일, 제도의 한 칸을 사람의 삶으로 채우는 일. 그것이 내가 걸어온 길이고, 앞으로도 걸어가야 할 길이다.

복지를 정치의 중심에 세우고 싶다. 복지는 시혜가 아니라 권리이며, 경쟁의 대상이 아니라 연대의 약속이다. 정치는 그 권리와 약속을 제도화하는 도구일 뿐이다. 나는 복지를 다시 정치의 중심에 올려놓는 일을 나의 사명으로 삼고 있다. 그것이 곧 내가 다시 정치를 바라보는 이유다. 이제 나는 안다. 정치의 본질은 화려한 구호나 거대한 이념이 아니다. 정치의 본질은 결국 '사람'이다. 사람의 삶을 지키고, 그 존엄을 지탱하는 모든 행동이 정치다. 나는 그 단순한 진리를 복지 현장에서 배웠다. 그리고 그 진리를 들고 다시 정치의 길로 나설 준비가 되어 있다. 출발선에 다시 서는 날, 나는 두려움보다 설렘이 앞설 것이다. 실패의 기억은 더 이상 상처가 아니다. 그것은 나를 단단하게 만든 흉터이자, 앞으로 나아가야 할 방향을 가리키는 나침반이다. 이번에는 더 큰 벽이 기다릴지도 모른다. 그러나 나는 그 벽을 두려워하지 않는다. 넘어져도 무너지지 않았던 지난 시간들이 내 안에 증거로 남아 있기 때문이다. 정치는 나를 시험하는 일이다. 하지만 그 시험은 이미 답을 알고 있다. 내가 왜 시작했고, 왜 아직 멈추지 않는지를.

신념의 계보,
어머니 그리고 형님

1980년대 대학교정은 청춘의 낭만이 머물 틈이 없는, 시대의 거대한 긴장이 압축된 공간이었다. 부산에서 경부선 열차를 타고 먼 길을 올라오신 어머니에게 그날의 입학식은 아들의 새 출발을 축하하는 자리이자, 자식이 갓 성인이 되어 사회로 첫발을 내딛는 것을 확인하는 엄숙한 의례였다. 평생 흐트러짐 없는 성품으로 정직과 도리를 최고의 가치로 여겨 오셨던 어머니는 아들이 입은 빳빳한 새 옷을 매만지며, 교정의 풍경 속에 깃든 지성의 평화를 기대하셨을 것이다. 그러나 대강당의 육중한 문을 열고 나온 순간, 우리가 마주한 것은 배움의 열기가 아닌 녹색 방석복을 입은 전투경찰의 벽이었다. 교문은 이미 폐쇄되었고, 다연발 최루탄 차량이 내뿜는 흰 연기가 캠퍼스의 나무들을 집어삼키고 있었다. 매캐한 연기는 폐부를 찔렀고, 비명과 구호가 뒤섞인 소음은 축제의 기분을 순식간에 전쟁터의 공포로 바꾸어 놓았다. 평생 단정하고 질서 있는 삶을 미덕으로 삼으셨던 어머니에게, 국가의 이름으로 행해지는 그 무도한 폭력은 존재론적인 충격이었을 것이다. 세상은 나에게 축하의 인사 대신 '너는 부조리와 불의함 앞에 눈을 감을 것인가?'라는 서늘한 질문을 먼저 던졌다. 그때 혼란 속에서 내 팔목을 단단히 쥔 것은 어머니의 희고 정갈한 손이었다.

어머니는 구호를 외치다 길바닥에 짓눌린 학생들을 보며 낮지만 형형한 목소리로 말씀하셨다. "나쁜 놈들… 학생들이 무슨 죄가 있다고." 그것은 거창한 정치적 구호가 아니었다. '사람은 사람답게 대접받아야 한다.'는 가장 기본적인 인지상정人之常情이었고, 그 도리를 무참히 짓밟는 권력의 야만성에 대한 본능적인 준엄함이었다. 어머니는 나에게 "침묵하고 외면해라."라고 말하지 않으셨다. 대신 "다치지는 마라."는 짧은 당부를 남기셨다. 그 무거운 침묵은 나에게 거대한 허락이자, 우리가 지켜온 정직한 삶의 태도를 이제는 네가 스스로 증명하라는 무언의 신뢰였다. 나는 그날 어머니가 보여준 품위 있는 분노를 안고 학생운동의 길로 들어섰다. 방학마다 부산 집으로 내려가는 대신, 나는 농촌의 흙먼지 속으로, 혹은 학생회실의 차가운 마닥으로 나를 던졌다. 잔인한 시대 속에서 부모님은 아들의 부재를 묵묵히 견디셨다. 명절에도 내려오지 못하는 아들을 원망하기보다, "엄혹한 시대이니 그런 것"이라며 지켜봐 주시던 그 침묵은 나에게 가장 무거운 빚이었다. 그것은 한 개인의 선택이 아닌, 시대가 요구하는 필연적인 보폭임을 부모님은 이미 간파하고 계셨던 것이다. 거리에서 맡았던 최루탄의 매캐한 냄새와 유인물을 나르며 느꼈던 손의 떨림 속에서, 나는 '공공의 가치'라는 단어가 결코 교과서 속 활자가 아님을 배웠다. 그것은 부당한 권력에 맞서는 이들의 일그러진 얼굴과 그들이 흘리는 정직한 땀방울 속에 실재하는 물리적 실체였다.

군 복무를 마친 뒤 내가 선택한 사회복지의 길은 집안에서 자라며 배운 '사람에 대한 예의'를 실무적으로 실현하려는 시도였다. 보건복지부 위탁사업으로 인천의 100여 곳이 넘는 지역아동센터를 돌기 시작했을 때, 나는 복지가 행정 문서 속에 있는 것이 아니라 사람의 낡은 일상 속에 있음을 목격했다. 지역아동센터는 단순히 아이들을 맡기는 공간이 아니었다. 부모의 부재를 메워주는 최후의 안전망이었고, 어떤 아이들에게는 세상에서 유일하게 따뜻한 국물을 마실 수 있는 가정의 연장이었다. 현장을 돌며 수첩을 놓지 않았다. 그곳에서 헌신하던 아동복지 교사들은 대부분 성실한 노동자들이었지만, 그들이 수행하는 노동의 가치는 처참할 정도로 평가절하되어 있었다. 아이들의 이름, 시설의 노후한 창틀 사이로 들어오는 찬바람, 그리고 교사들이 퇴근길에 내뱉는 잦은 한숨을 나는 낱낱이 기록했다. 그 사실들이 쌓여 훗날 나의 정치적 밑그림이 되었다. 복지는 거창한 구호가 아니라, 누군가의 하루를 지탱하는 조용한 손길의 연속이라는 사실을 나는 그 좁은 센터의 복도에서 배웠다. 그것은 집안 어른들에게 배운 '원칙에 대한 충실함'을 현장의 삶으로 치환하는 과정이었다.

광역의원이 되어 소규모 복지시설 종사자들의 처우 개선과 호봉제 도입을 추진할 때, 나의 논리는 서류상의 통계가 아닌 수첩에 적힌 사람의 얼굴에서 나왔다. 책상 위의 숫자를 조절하는 행정이 아니라, 손에 잡히는 생활의 고통을 덜어주는 실무적 정치를 나는 지향했다. 얼마 전 정년퇴임을 맞이한 한 지역아동센터 종사자가 후배의 손을 잡으며 "이제 네가 지켜야 할 차례야."라고 말하는 장면을 보았다. 그 순간 나는 1980년대 교정에서 내 팔목을 잡던 어머니의 정갈한 손길을 떠올렸다. 세대는 달라도 책임을 완수하는 방식은 이토록 닮아 있었다. 사람을 지키는 일이 곧 세상을 지키는 일이라는 신념의 계보는 그렇게 내 안에서 단단한 줄기를 형성했다.

살아오면서 '정치의 품격'이라는 단어를 생각할 때마다 형님을 떠올린다. 인천대학교 공과대학에서 오랜 기간 노동과학을 연구한 김철홍 교수다. 그는 학자이자 실천가였고, 무엇보다 한결같은 신념의 사람이다. 어릴 적부터 형님은 내게 늘 높은 기준이었다. 여덟 살 터울의 형님은 나보다 한참 앞서 세상을 경험했고, 늘 옳은 길을 택했다. 나는 그가 선택하는 방식을 지켜보며 '정의'라는 단어를 배웠다. 형님은 책과 강의실에 갇힌 학문보다 현실과 현장을 더 중요하게 여겼다. 미국에서 유학을 마치고 돌아온 뒤, 그는 현장중심의 학문을 택했다. 산업단지를 다니며 노동자의 근골격계 질환을 연구했고, 공장의 환경이 노동자의 삶에 어떤 영향을 주는지 실증자료로 남겼다. 그의 연구실에는 실험기구보다 안전모와 작업화가 더 많았다. 동료 교수들이 "왜 그렇게 힘든 일을 자처하느냐"고 물으면 그는 늘 같은 대답을 했다. "노동이 존중받는 사회를 만드는 게 내 일입니다."

그는 '건강한 노동세상'이라는 시민단체를 만들어 대표로 활동하며, 산업재해 예방과 노동자 건강권 보장을 위한 법제 개선에 앞장섰다. 근로복지공단의 위원으로도 참여했지만, 정부 정책에 동의하지 않을 땐 단호히 반대 의견을 냈다. 형님의 말은 언제나 조심스럽지만, 그 안에는 단단한 중심이 있었다. "노동의 가치는 숫자로 계산할 수 없어요. 사람의 몸이 곧 사회의 안전망이니까요." 나는 그 말을 들을 때마다 '정치의 언어'가 아니라 '신념의 언어'를 들었다. 그런 형님이 훈장을 거절했다는 소식을 들은 건 지난해 겨울이었다. 교육부에서 교수 정년을 앞둔 형님에게 대통령공로훈장을 수여하겠다고 통보해왔다. 그러나 형님은 단호히 거부했다. 이유를 묻는 내게 형님은 짧게 말했다. "그 훈장에는 윤석열 대통령의 이름이 새겨져 있단다. 나는 반민주와 반노동의 상징 아래에서 상을 받을 수 없다." 그 말은 단순한 정치적 판단이 아니라, 평생을 관통한 철학이었다. 그는 권력의 표창보다 양심의 일관성을 택했다. 그 결정이 언론에 알려지자 여러 언론이 인터뷰를 요청했지만, 형님은 한 번도 카메라 앞에 서지 않았다. "당연한 일을 했을 뿐"이라는 한 문장만 남겼다.

나는 그때 형님이 보여준 태도에서 정치의 본질을 보았다. 정치는 화려한 언변보다, 행동의 일관성에서 나온다. 신념은 말이 아니라 선택의 순간에 드러난다. 형님은 훈장을 거절함으로써 자신이 평생 지켜온 가치를 증명했다. 그것은 어떤 수상보다 더 큰 명예였다. 나는 그 소식을 접하고 오래 생각했다. 정치인은 얼마나 많은 타협의 순간을 맞이하는가, 그리고 그때마다 나는 어떤 선택을 할 수 있을까. 형님은 말이 아닌 행동으로 내게 물었다. "너는 너의 신념을 끝까지 지킬 수 있겠느냐." 형님은 단지 학자가 아니라, 시대의 증인이었다. 그는 인천지역 노동운동과 시민사회가 함께 만든 '공공성 플랫폼'을 창립했고, 노동의 인간화를 위한 연구소를 세웠다. 퇴임을 앞두고도 그는 "연구보다 실천이 남았다."고 말했다. 정년퇴임식 날, 형님은 제자들과 동료 교수들 앞에서 짧게 인사했다. "내가 학생들에게 가르치고 싶은 건 단 하나였습니다. 세상이 강요하는 정답을 의심하는 용기." 그 말은 형님의 평생을 압축한 문장이었다. 나는 형님의 삶을 보며 '신념의 정치'를 배웠다. 형님은 나에게 종종 말했다. "정치는 싸움이 아니라 설득이야. 누군가를 이기는 게 아니라, 함께 살아야 하는 이유를 설명하는 게 정치지." 그 말은 협회에서 일하며 매번 떠올랐다. 복지의 정책을 설계할 때마다, 나는 숫자보다 설득을 먼저 생각했다. 제도를 바꾸려면 힘보다 논리가, 논리보다 신뢰가 필요하다는 걸 형님에게서 배웠다.

형님은 우리 가족의 정신적 중심이었다. 어머니가 늘 말씀하

셨던 "불의에 침묵하지마라."는 가르침을 가장 완벽하게 실천한 사람이었다. 형님은 불의에 침묵하지 않았고, 불편한 진실을 말하는 데 주저하지 않았다. 나도 정치를 하며 많은 압박과 타협의 순간을 겪었다. 그러나 형님의 태도를 기억하면 흔들리지 않았다. 정치는 타협의 예술이지만, 신념의 중심을 잃지 않는 한 타협은 부끄럽지 않다.

2024년 겨울, 형님과 함께 거리로 나섰다. 12월 3일 내란 사태가 벌어졌을 때, 형님은 조용히 내게 말했다. "가만히 있으면 역사가 우리를 용서하지 않을 거야." 그날 우리는 함께 촛불을 들고 광장을 걸었다. 형님은 큰 목소리로 구호를 외치지 않았다. 대신 묵묵히 걸었다. 나는 그 뒷모습을 보며 생각했다. 정치란 이렇게 걷는 일일지도 모른다. 옳다고 믿는 길을 두려움 없이, 그러나 조용히 끝까지 걷는 것. 지금도 형님은 나의 멘토이자 거울이다. 그는 여전히 학자로, 사회운동가로, 시민으로서 역할을 다하고 있다. 나는 그를 떠올릴 때마다 다짐한다. "정치는 권력으로 남지 않지만, 신념은 기억으로 남는다." 그 기억이야말로 다음 세대를 위한 가장 큰 유산이다. 형님, 김철홍 교수가 그랬듯이, 나 역시 내 자리에서 신념으로 세상을 설득하는 정치를 하고 싶다. 복지국가가 우리 사회가 도달해야 할 가장 높은 목표라 믿는다. 집안 어른들이 가르쳐준 정직함을 사람에 대한 예의로 치환하고, 청년의 열기를 광장에 쏟았던 세대로서, 나는 모두가 인간답게 사는 사회를 만드는 것이 정치의 유일한 목적이라 생각한다. 복지는 제도의 문제가 아니라 '삶의 품격'을 정의하는 문제다. 어머니가 허락하신 그날의 침묵과 형님이 거절한 훈장의 무게가 지금 나의 보폭을 결정한다. 정치는 권력으로 남지 않지만, 신념은 누군가의 기억으로 남아 다음 세대의 길을 비춘다. 나는 오늘도 그 신념의 계보 위에서, 사람을 지키고 세상을 설득하는 정직한 보폭을 내딛는다.

V

복지와 정치, 두 세계의 대화

정책은 현장에서 태어난다

제도와 사람 사이의 온도차

정치가 복지를 배워야 하는 이유

복지가 정치를 바꾸는 순간

정책은 현장에서 태어난다

'좋은 정책'이란 현장에서 태어나 제도로 완성되는 것이라고 믿는다. 정치의 핵심은 아이디어가 아니라 체감이다. 내가 만난 시민들이 느끼는 불편, 사회복지사로 일할 때 마주했던 생활의 균열, 그 작은 틈새들이 결국 정책의 씨앗이 되었다. 의회에 들어가기 전과 후의 차이는 크지 않았다. 현장에서 들었던 목소리가 단지 회의실로 옮겨졌을 뿐이었다. 그래서 나는 인천광역시의회를 단 한 번도 '정치의 공간'으로 생각한 적이 없다. 그곳은 또 다른 사회복지의 현장이었다. 시의원으로 일할 때에도 사회복지사의 습관을 버리지 못했다. 보고서를 읽기 전에 먼저 사람을 만났고, 통계보다 사례를 우선했다. 조례를 만들 때 기준은 하나였다. "이 조례가 누구의 삶을 바꿀 수 있는가." 회의실에서 다루는 수많은 안건 중에서도, 실제 현장에서 작동할 수 있는 제도만이 살아남을 수 있다고 믿었다. 앞서 기록한 여러 에피소드 중에서도 나의 손끝에 가장 깊게 남은 다섯 가지 조례는 결국 '사람의 온기'에서 태어난 것들이었다.

첫째는 출산을 개인의 책임에서 사회의 몫으로 끌어올린 '공공산후조리원 지원 조례'였다. '요람에서 무덤까지'라는 복지국가의 선언이 구호에 그치지 않도록, 생명의 시작점에 공공의 자리를 마련한 시도였다. 둘째는 '사회복지사 처우 개선 조례'다. 시민을 돌보는 이들이 정작 스스로를 돌보지 못하는 모순을 깨기 위해, 복지 노동을 '공공의 가치'로 격상시키는 데 집중했다. 셋째와 넷째는 노동의 존엄에 관한 기록인 '경비원 인권 보호 조례'와 '외국인 근로자 지원센터 조례'는 건물의 높이나 국적과 관계없이 인간의 권리는 동일해야 한다는 원칙을 제도로 세운 결과였다. 다섯째인 '시민 건강권 보장 기본조례'는 의료 사각지대에 놓인 도서 지역과 저소득층을 위한 최소한의 방파제였다.

이 정책들은 서로 다른 분야를 다루고 있지만, 그 뿌리는 모두 현장의 땀과 체온에 닿아 있다. 복지 정책의 설계도는 안락한 책상 위에서 그려지지 않는다. 한 사람의 이름, 시설의 낡은 창틀, 현장의 잦은 한숨 소리를 제도의 언어로 바꾸는 지루하고도 정직한 과정이 정치의 본질임을 나는 확인했다. 논리로 무장한 정책은 매끄러울 수 있으나, 현장에서 태어난 정책은 사람의 삶을 움직인다. 좋은 정책이란 시민의 일상을 지탱하는 '온도'를 잃지 않는 것이어야 한다. 정치가 복지를 통해 배워야 할 지점이 바로 여기에 있다.

제도와 사람 사이의 온도차

복지정책을 설계할 때 가장 어려운 일은 '온도차'를 줄이는 것이다. 행정이 느끼는 합리성과 시민이 체감하는 현실의 온도 사이에는 언제나 간극이 있다. 행정의 언어는 수치로 표현되지만, 시민의 언어는 감정으로 표현된다. 어느 쪽이 옳고 그르다는 문제가 아니라, 제도와 사람이 같은 사건을 전혀 다른 감각으로 받아들이는 데서 오는 차이다. 나는 사회복지사로 일하며 이 차이를 일찍 배웠다. 복지의 현장에서 하루를 견디는 사람에게는 행정의 숫자가 아니라 온도의 변화가 더 절실했다.

시청의 회의실에서는 늘 "충분하다."는 단어가 오갔다. 보고서에는 재정 소요와 집행률이 정리되어 있었고, '적정 수준'이라는 표현이 빈번히 등장했다. 그러나 현장에서 그 숫자들을 현실로 옮기면 '충분하다'는 말은 곧바로 '부족하다'로 바뀌었다. 행정의 온도와 사람의 체온은 달랐다. 나는 이 간극을 줄이는 것이야말로 정책의 출발점이라고 생각했다. 복지는 재정이 아니라 감각의 문제다. 제도의 설계가 아무리 정교해도 시민이 그것을 체감하지 못하면 복지는 존재하지 않는다.

인천형 공공산후조리원 조례를 추진할 때 그 차이를 가장 깊게 느꼈다. 시청의 공무원들은 시설 이용 대상 인원, 비용 대비 효율성에 초점을 맞췄다. 그러나 실제 현장에서 만난 산모들은 전혀 다른 이야기를 했다. “좋은 제도가 있어도, 그걸 아는 사람이 없어요.” “예약이 너무 복잡해서 포기했어요.” “지원 기준이 너무 세분화돼서, 누구는 되고 누구는 안 돼요.” 제도의 설계가 아니라 접근의 문제였다. 나는 담당부서와 함께 조리원 이용자들을 인터뷰하며 정책을 바꾸기로 했다. 신청 시스템을 단순화하고, 정보 접근성을 높이며, 산모와 의료기관의 연계를 강화했다. 그 결과 제도는 동일했지만 체감은 완전히 달라졌다. 복지는 시스템이 아니라 체온의 언어로 완성된다는 사실을 다시 확인한 순간이었다.

나는 회의석상에서 자주 이런 말을 했다. “정책의 성공은 예산의 크기가 아니라, 사람의 마음에 닿는 거리로 판단해야 합니다.” 하지만 그 말을 이해시키는 일은 쉽지 않았다. 행정은 수치를 기준으로 움직이고, 그 수치는 늘 효율을 중심으로 평가된다. 그러나 복지는 효율의 논리만으로 설명되지 않는다. 효율이 완벽해질수록, 인간의 결은 사라진다. 복지의 목표는 완벽한 제도를 만드는 것이 아니라, 불완전한 사람의 삶에 닿을 수 있는 제도를 만드는 것이다.

어느 겨울, 독거 어르신의 집을 방문한 일이 있었다. 방 안의 온도는 10도를 겨우 넘겼고, 전기요금 체납으로 보일러는 멈춰 있었다. 나는 급히 긴급지원 절차를 알아봤지만, 행정 승인까지는 며칠이 걸린다고 했다. "며칠만 참으면 봄이 오지요." 어르신의 말은 담담했지만, 그 순간 나는 그 어떤 수치보다 명확한 사실을 깨달았다. 복지는 '온도'의 문제였다. 단 1도의 차이가 삶을 지탱하기도, 무너뜨리기도 했다. 그날 나는 행정이 말하는 '예산'이 아니라 사람이 말하는 '체감'의 기준으로 정책을 설계해야 한다는 걸 마음에 새겼다.

행정이 만드는 보고서는 정확하다. 숫자와 표, 예산 항목, 성과지표가 정교하게 짜여 있다. 하지만 그 안에는 냄새도, 온기도, 목소리도 없다. 정책이 성공하려면, 그 빈칸을 채워야 한다. 그래서 나는 의정 시절 모든 보고서에 사진과 이름, 그리고 짧은 시사를 붙였다. "○○동 ○○어르신, 전기요금 미납으로 난방 중단. 현장 방문 시 방 온도 9도." 그 한 문장은 수백만 원의 예산 설명보다 강했다. 한 장의 표보다 한 줄의 기록이 마음을 움직였다.

복지는 행정의 논리와 인간의 체감이 만나는 지점에서 작동한다. 제도는 완벽해야 하지만, 사람은 불완전하다. 행정의 언어로는 불완전함을 표현하기 어렵다. 그러나 정치의 언어는 그 불완전함을 인정하고 품을 수 있어야 한다. 그때 복지는 행정의 프로그램이 아니라, 정치의 철학이 된다. 나는 인천시의회에서 복지정책을 논의할 때마다 이런 말을 덧붙였다. "정책은 종이에 쓰이지만, 복지는 얼굴에 새겨집니다." 서류의 언어가 삶의 언어로 번역될 때, 정책은 비로소 사람의 체온을 얻게 된다. 복지는 수치로 계산되지 않는다. 그것은 하루를 버티게 하는 온도의 문제이고, 그 온도를 지키는 일은 정치가 해야 할 최소한의 윤리이다.

결국 복지정책의 본질은 '온도를 조율하는 기술'이다. 냉정한 행정의 언어와 따뜻한 삶의 언어 사이에서, 정치인은 어느 한쪽으로 치우치지 않고 균형을 잡아야 한다. 그것이 진짜 정치의 시작이자 복지의 완성이다. 나는 지금도 그때의 어르신을 떠올린다. 봄은 결국 왔지만, 그 방 안의 냉기가 남긴 질문은 아직도 내 마음에 머물러 있다. "우리는 오늘, 누군가의 방 온도를 높였는가."

정치가 복지를 배워야 하는 이유

정치가 복지를 배우지 않으면, 국가는 인간을 잃는다. 정치의 본질은 권력의 관리가 아니라 사람의 삶을 지켜내는 일이다. 그러나 한국 사회에서 정치는 종종 제도의 기술로 축소되고, 복지는 행정의 하위 개념으로 밀려난다. 이 둘이 분리되는 순간, 국가는 사람 위에 서는 체제가 된다. 나는 시의원 시절부터 줄곧 믿었다. 복지는 정치의 꽃이고, 정치는 복지의 줄기다. 줄기가 흔들리면 꽃은 시든다.

복지정책은 숫자와 제도로 설명될 수 없다. 한 사람의 삶을 온전히 마주하는 일이기 때문이다. 사람의 욕구를 이해하고, 존엄을 지키기 위해 만들어지는 사회의 약속이기 때문이다. 정치는 복지를 배우며 비로소 '사람의 언어'를 회복한다. 국회나 의회 회의실에서 수없이 오간 토론 중 많은 말이 제도나 권한의 논리에 머물렀다. 그러나 현장에서 들은 한마디는 언제나 그 모든 논의를 압도했다. "나는 왜 늘 마지막 순위입니까?" 인천의 한 복지시설에서 들었던 그 말이 아직도 귀에 남아 있다. 행정은 우선순위를 따지지만, 복지는 순위를 매기지 않는다. 그것이 정치가 복지를 배워야 하는 첫 번째 이유다.

복지는 사회의 약한 고리를 잇는 일이다. 정치는 그 고리가 끊어지지 않도록 보호하는 일이다. 그러나 정치는 자주 자신을 복지의 상위 구조로 착각한다. 정책이 현장을 통제하고, 제도가 인간을 평가하는 구조가 만들어진다. 나는 의회에서 종종 "복지는 정치의 부속품이 아니라, 정치의 원본입니다"라고 말했다. 정치는 복지를 배워야만 인간의 얼굴을 닮는다. 행정이 완벽할수록, 인간의 결은 사라진다. 정치가 복지를 배우지 않으면, 결국 그 빈자리를 숫자와 통계가 대신하게 된다.

외교의 꽃이 평화라면, 정치의 꽃은 복지다. 외교가 전쟁을 막아내는 기술이라면, 정치는 고통을 줄이는 기술이다. 아무리 외교를 잘해도 전쟁이 나면 그것은 실패다. 아무리 정치를 화려하게 해도 국민이 불행하면 그것은 실패다. 전쟁을 막는 외교가 국가의 생존을 지키듯, 복지를 통한 정치가 국민의 존엄을 지킨다. 복지는 사회의 가장 낮은 곳에서 국가의 품격을 만든다.

의정활동 중 늘 복지를 '국가의 품격'으로 정의했다. 국가는 강할 수도 있고, 부유할 수도 있다. 그러나 품격 있는 국가는 오직 복지를 통해 완성된다. 법과 제도는 권력을 창출하지만, 복지는 신뢰를 만든다. 신뢰는 정치의 생명이다. 복지 없는 국가는 결국 통제와 불신으로 운영되고, 복지의 언어를 배운 국가는 연대와 협력으로 움직인다. 이 두 길의 차이는 경제 지표가 아니라 사회의 공기에서 느껴진다. 시민이 국가를 믿는 순간, 그 나라는 이미 선진국이다. 복지를 배운 정치는 타협할 줄 알되, 포기하지 않는다. 나는 회의석상에서 자주 느꼈다. 숫자를 줄이는 것은 빠르지만, 사람을 설득하는 일은 시간이 걸린다. 복지를 배운 정치인은 그 시간을 견딜 줄 안다. 조급함은 정치의 적이다. 인천의 돌봄 공백 문제를 다룰 때, 몇몇 동료 의원들은 "효율이 떨어진다."고 말했다. 나는 그 자리에서 이렇게 답했다. "효율은 비용의 언어고, 복지는 인간의 언어입니다. 인간의 언어는 효율보다 오래갑니다." 그 회의에서 결론은 나지 않았지만, 그날 이후 행정 절차가 한 단계 느려졌고, 대신 현장의 목소리를 담는 과정이 늘어났다. 느린 행정이지만, 더 따뜻한 행정이었다.

복지를 배우지 못한 정치는 힘을 잃는다. 그들은 국민의 요구를 비용으로 계산하고, 시민의 고통을 통계로 환산한다. 그런 정치는 오래가지 못한다. 사람의 마음은 계산으로 움직이지 않는다. 복지는 감동의 논리가 아니라 지속의 구조다. 단기성과로 평가되는 행정은 결국 시민을 지치게 만들고, 공감의 연속성을 잃는다. 반면 복지를 배운 정치인은 문제를 '프로젝트'가 아니라 '사람'으로 본다. 그는 한 사람의 삶을 바꾸는 일이 곧 사회를 바꾸는 일임을 안다. 정치가 복지를 배운다는 것은 단순히 예산을 늘리는 일이 아니다. 그것은 국가의 시선을 바꾸는 일이다. '시민을 위해'가 아니라 '시민과 함께'라는 언어로 전환하는 것이다. 나는 인천시의회에서 사회복지 관련 예산안을 심의할 때마다, 숫자를 보기 전에 먼저 이름을 찾았다. 지원 대상의 이름, 담당자의 이름, 그 이름들 속에 정책의 온도가 숨어 있었다. 복지를 모르는 정치는 사람을 잃고, 사람을 잃은 정치는 결국 권력만 남는다. 나는 복지를 단순한 복지정책의 범주로 보지 않는다. 그것은 사회 전체의 구조를 바꾸는 철학이다. 복지를 통해 정치가 다시 인간의 자리로 돌아간다. 복지를 배우지 않은 정치인은 눈을 뜨고도 세상을 보지 못한다. 숫자와 보고서 속에서 길을 잃은 정치에 필요한 것은 더 많은 데이터가 아니라 더 깊은 공감이다. 복지의 언어는 통계가 아니라 존엄이다. 그 존엄이 정치의 언어로 번역될 때, 국가는 비로소 문명화된다.

정치는 복지를 배우며 비로소 자신을 완성한다. 복지는 정치의 부속이 아니라 정치의 이유다. 인간의 존엄을 유지시키는 일이야말로 정치가 존재해야 하는 가장 근본적인 목적이다. 나는 지금도 스스로에게 묻는다. "나는 오늘, 누군가의 존엄을 지켰는가?" 그 질문에 "그렇다"고 답할 수 있을 때만, 정치는 비로소 인간의 얼굴을 갖는다.

복지가 정치를 바꾸는 순간

정치는 흔히 복지를 움직이는 힘이라고 말한다. 그러나 나는 그 반대의 장면을 수없이 보았다. 복지가 정치를 움직이고, 결국 사회의 방향을 바꾸는 순간들을. 복지는 제도의 결과가 아니라 원인일 때 가장 강력하다. 그것은 단순한 정책이 아니라 정치의 구조를 다시 짜는 힘이다. 나는 의정활동과 협회 활동을 거치며 그 사실을 몸으로 배웠다. 복지의 시작은 늘 작았다. 작은 민원, 한 통의 전화, 한 장의 서류에서 출발했다. 그러나 그 사소한 시작이 때로는 거대한 변화를 만들었다. 인천의 한 사회복지관에서 일하던 시절, 한 어르신이 내게 이렇게 말했다. "성준 씨, 우리는 고마운 사람들에게 늘 미안해요. 너무 많이 받았다고 생각하니까." 그 말은 나를 멈춰 세웠다. 복지는 시혜가 아니라 권리라는 사실을 다시 새기게 했다. 그 한마디가 내 머릿속의 기준선을 바꾸었다. '도와주는 제도'가 아니라 '함께 사는 제도' 이후 내가 만든 정책과 조례들은 모두 그 문장의 변주였다.

정치의 본령은 힘을 나누는 일이다. 하지만 현실의 정치는 종종 힘을 모으는 일에만 몰두한다. 반대로 복지는 힘을 나누는 기술이다. 복지의 본질이 제도와 자원의 분배를 넘어 '관계의 재편'이라는 사실을 깨달을 때, 정치의 구조도 변한다. 인천의 사회복지사 처우개선 조례를 추진하던 시절, 수많은 사람들은 "그건 복지계 내부의 문제"라고 말했다. 그러나 나는 단호했다. "사회복지사가 행복하지 않은 사회는, 시민도 불행합니다." 그 조례가 통과되었을 때, 사회는 사회복지사를 더 이상 '도움을 주는 사람'이 아니라 '공공의 기반을 지탱하는 전문가'로 보기 시작했다. 그 시선의 변화가 바로 정치의 변화였다.

복지는 정치의 방향을 조정한다. 처음에는 의회 안에서도 '복지 예산은 부담'이라는 인식이 강했다. 복지 지출은 비용으로 계산되었고, 그것을 늘리자는 말은 언제나 반대에 부딪혔다. 그러나 어느 순간, 의회 안의 공기가 바뀌었다. 예산 논의에서 "복지는 비용이 아니라 투자"라는 표현이 자연스럽게 등장했다. 시민들이 정책 현장에 참여하고, 복지정책의 효과가 눈으로 보이기 시작하자 정치도 반응했다. 정책이 성공하려면 시민의 체감이 먼저여야 한다. 복지가 정치의 논리를 설득한 순간이었다.

복지의 언어는 어렵지 않다. "함께 산다."는 단순한 말이지만, 그 말이 제도가 되는 데에는 긴 시간이 걸린다. 나는 의정활동을 하며 수없이 많은 회의에서 그 문장을 마음속으로 되뇌었다.

정책이 성공하는 기준은 언제나 수치가 아니라 사람이다. 돌봄 공백, 비정규직 처우, 임금체계—이 모든 논의는 처음엔 '현장의 민원'으로 출발했지만, 결국 정치의제와 법안으로 성장했다. 그것이 복지가 정치를 바꾸는 과정이었다. 나는 그 변화를 여러 차례 목격했다. 시설장으로 근무하던 노인여가복지시설인 주안 노인문화센터 노인일자리사업이 단순한 생계보조 수준에서 '사회참여형님 일자리'로 전환되던 때였다. 어르신들이 자신을 '일자리 수혜자'가 아니라 '지역의 선생님'으로 인식하게 되었다. '꿀잠 지도사', '그림책 이야기 할머니, 할아버지' 같은 프로그램이 생기고, 지역 어린이집에서 어르신들이 낮잠을 재워주는 활동을 시작했다. 그 작은 변화가 지역 사회의 인식을 바꾸었다. 노인은 돌봄의 대상이 아니라, 돌봄의 주체가 되었다. 이 변화는 정치의 언어로도 이어졌다. 이후 시의회에서는 노인복지를 '고용정책'의 영역에서 함께 논의하기 시작했다. 복지가 정치의 프레임을 바꾼 것이다.

정치는 사람을 움직이는 기술이고, 복지는 사람을 연결하는 기술이다. 연결이 없으면 움직임은 방향을 잃고, 움직임이 없으면 연결은 의미를 잃는다. 정치와 복지는 서로를 완성한다. 복지가 정치의 중심으로 들어올 때, 정치는 숫자가 아니라 사람의 얼굴을 보기 시작한다. 그때 정치의 언어는 '표'에서 '삶'으로 바뀐다. 복지는 정치의 윤리를 재정의한다. 복지를 경험한 정치인은 법을 만드는 사람에서, 사람의 삶을 설계하는 사람으로 변한다. 정책은 단지 제도의 조각이 아니라, 누군가의 하루를 구성하는 실질적 요소가 된다. 내가 협회에서 일하던 시절, 행정절차 하나를 바꾸기 위해 몇 달을 설득한 적이 있었다. 담당 공무원은 "규정상 어렵다."고 했다. 나는 차분히 말했다. "규정은 사람을 위해 있는 겁니다. 사람이 규정을 위해 존재하는 게 아닙니다." 그 대화가 몇 번의 회의를 거쳐 정책을 바꿨고, 이후 다른 지역에서도 동일한 제도가 도입되었다. 정치의 구조가 바뀌는 순간은 언제나 그렇게 작고 조용하게 찾아온다.

복지는 또 하나의 민주주의다. 복지는 투표로 시작되는 정치가 아니다. 일상 속의 결정과 실천으로 이루어지는 가장 구체적인 정치다. 시민이 정책의 대상에서 참여자로 변할 때, 복지

는 정치의 영역으로 확장된다. 나는 협회 활동 중 '복지현장 시민참여 포럼'을 만들었다. 복지시설 종사자뿐 아니라 이용자와 가족이 함께 논의에 참여했다. 처음엔 어색했지만, 곧 모든 발언이 생생한 정책 제안으로 변했다. 그 자리에서 나는 느꼈다. 진짜 정치는 연설이 아니라 경청이라는 사실을. 복지는 그 경청의 기술을 정치에게 가르친다. 정치가 복지를 바꾸는 시대에서, 복지가 정치를 바꾸는 시대로 우리는 이미 넘어오고 있다. 복지는 더 이상 결과가 아니라 원인이다. 복지의 가치가 사회의 중심으로 들어올 때, 정치는 방향을 잃지 않는다. 나는 늘 스스로에게 묻는다. "정치는 어디서 시작되는가?" 그리고 매번 같은 대답을 떠올린다. "복지를 향한 한 걸음에서 시작된다." 복지가 없는 정치는 바람 없는 깃발이고, 복지가 있는 정치는 바람을 읽는 나침반이다.

복지는 사람을 살리고, 정치는 그 사람을 지킨다. 복지가 정치를 바꾸는 순간, 사회는 비로소 사람의 얼굴을 닮는다. 그리고 그 얼굴이, 내가 정치라는 길을 다시 걷게 만든 이유이기도 하다.

VI

나의 정치 철학

기본소득

돌봄국가 비전

지방자치의 힘과 한계

공존과 연대의 정치

기본소득

기본소득을 단순히 복지의 확장된 형태로 보지 않는다. 그것은 사회가 스스로에게 던지는 근본적인 질문이다. "우리는 서로를 얼마나 신뢰할 수 있는가." 복지의 현장에서 나는 오랫동안 제도의 벽을 마주했다. 도움을 요청해야 할 사람은 늘 증명해야 했다. 가난을 증명하고, 병을 증명하고, 고통을 증명해야 했다. 서류를 내고, 심사를 기다리는 동안, 그들은 이미 무너지고 있었다. 나는 그때 깨달았다. 복지는 숫자로 계산되는 행정의 효율이 아니라, 사람의 존엄을 지키는 구조여야 한다는 것을. 복지는 사람이 다시 일어설 수 있게 손을 내미는 일이지, 그 손을 내밀 자격이 있는지를 따지는 제도가 되어서는 안 된다.

기본소득은 그 구조를 뒤집는 혁명이다. 그것은 국가가 시민을 '심사'하는 것이 아니라 '신뢰'하는 체계다. 일정 금액이 모든 국민에게 조건 없이 주어진다는 사실보다 중요한 것은, 그 제도를 통해 국가가 시민을 '동등한 존재'로 인정한다는 메시지다.

내란 종식
민주 수호

"당신은 공동체의 구성원이며, 그 자체로 존중받을 가치가 있다." 이 말이 기본소득의 철학이다. 국가는 더 이상 '도움을 주는 존재'가 아니라, 시민의 존엄을 보증하는 파트너가 되어야 한다. 복지는 가난을 없애는 것이 목적이 아니라, 인간의 존엄을 지키는 장치여야 한다. 기본소득은 그 존엄을 제도화한 첫 번째 사회적 계약이다.

기본소득을 이야기할 때마다, 복지 현장에서 만난 한 가족의 얼굴이 떠오른다. 아버지는 하루 벌어 하루를 살았고, 아이는 병원비를 감당하지 못해 치료를 중단할 상황이었다. 어머니는 지원신청을 하려 서류를 챙기다, "며칠만 더 버티라."는 행정의 말 앞에서 울었다. 그 며칠이 그 가족에게는 절벽이었다. 복지는 사람의 시간을 구해야 한다. 기본소득은 그 절벽을 다리로 바꾸는 제도다. 한 사람의 삶이 행정의 속도보다 빠르게 무너지는 사회에서, 국가는 그 속도를 따라잡아야 한다. 정책이 사람을 기다리게 하면, 정치는 이미 실패한 것이다.

기본소득에 대한 재원 논쟁은 늘 반복된다. 그러나 나는 그것이 단순한 숫자의 문제가 아니라 '국가의 우선순위'의 문제라 생각한다. 우리는 이미 충분히 부유한 사회다. 다만 그 부가 불균형하게 쌓였을 뿐이다. 낭비된 감면제도를 정비하고, 불로소득 구조를 개혁하고, 로봇세·탄소세·데이터세 같은 새로운 조세를 설계하면 된다. 기술이 사람의 노동을 대체할수록, 그 부가 가치를 인간에게 환원해야 한다. 인간이 만든 기술이 인간을 배제한다면, 그 사회는 스스로를 파괴하는 것이다. 기본소득은 기술의 시대가 인간에게 지불해야 하는 최소한의 윤리다.

세계는 이미 같은 길을 걷고 있다. 핀란드는 2017년부터 2,000명의 실험군에게 매달 560유로를 지급하며 기본소득 실험을 진행했다. 실험 결과, 수혜자들은 고용률 변화보다 '삶의 만족도'와 '심리적 안정감'이 높아졌다. 캐나다 매니토바의 '미니컴Mincome' 실험은 의료비 감소와 교육 지속률 상승으로 이어졌다. 알래스카의 '영구기금 배당제'는 40년 넘게 지속되고 있으며, 그 지역의 아동 빈곤율을 획기적으로 낮췄다. 세계는 이제 복지를 '소비성 지출'이 아니라 '사회적 투자'로 인식하고 있다. 돈을 나누는 일이 아니라, 사회를 지속시키는 시스템으로 보는 것이다.

한국에서도 기본소득은 더 이상 낯선 담론이 아니다. 나는 이재명 대통령이 성남시장 시절부터 제안한 '기본시리즈' 정책에 큰 의미를 두고 있다. 청년배당, 기본대출, 기본주택, 기본소득 — 이 네 가지는 모두 한 철학에서 비롯된다. "기본은 권리다." 경기도지사 시절 시행된 청년기본소득은 복지의 새로운 패러다임을 열었다. 25만 원이라는 금액이 청년의 인생을 바꾸진 않았다. 하지만 그들은 '누군가 자신을 믿는다.'는 감정을 얻었다. 행정은 효율을 평가하지만, 정치는 신뢰를 복원해야 한다. 이재명 대통령이 말한 "기본소득은 사람에 대한 투자"라는 말은 그 철학의 본질을 정확히 담고 있다. 나는 그 철학이 대한민국 복지국가의 초석이 되어야 한다고 믿는다.

기본소득은 민주주의의 확장이다. 복지는 '살 수 있는 권리'를 보장하지만, 기본소득은 '살아갈 자격'을 인정한다. 그것은 경제정책이 아니라 사회철학이다. 국가는 시민을 보호하는 존재가 아니라, 함께 살아가는 존재로 진화해야 한다. 기본소득은 그 변화를 구체화하는 제도다. 사회가 서로를 믿을 때만, 신뢰는 제도로 완성된다. 인간의 존엄이 조건이 아닌 권리가 되는 사회 — 그것이 내가 말하는 복지국가의 최종 형태다.

기본소득은 또한 경제 구조를 새롭게 설계한다. 일정한 소득이 보장되면 소비가 안정되고, 지역경제가 순환한다. 자영업자의 매출이 늘고, 청년층의 창업이 활발해진다. 이것은 단순히 돈을 나누는 정책이 아니라 '경제의 엔진을 사람에게 돌려주는 제도'다. 불평등 구조를 바로잡는 것은 거대한 개혁이 아니라, 신뢰의 재분배다. 기본소득은 바로 그 신뢰를 국가의 형태로 제도화하는 일이다.

나는 기본소득을 '사람의 자유를 확장하는 제도'라고 부른다. 인간은 최소한의 생계 위에서만 자유를 누릴 수 있다. 굶주림 속에서 철학은 사치다. 생존이 보장되지 않으면, 자유는 허상이다. 기본소득은 자유의 전제이자 인간 존엄의 기초다. 기술의 속도는 인간의 가치보다 빠르고, 경쟁의 구조는 사람을 더 고립시킨다. 그럴수록 정치가 해야 할 일은 단 하나다. 인간의 자리를 지키는 것. 나는 기본소득이 바로 그 자리를 지키는 정치라고 믿는다.

정치는 언제나 다음 세대를 향해야 한다. 기본소득은 지금의 세대를 위한 정책이 아니라, 미래를 위한 사회적 토대다. 더 이상 청년들이 불안정한 노동과 경쟁의 굴레에 갇히지 않도록, 나이 든 세대가 노후의 절벽에서 떨어지지 않도록, 기본소득은 '미래의 사회안전망'이 되어야 한다. 그 제도가 완성되면, 복지는 더 이상 구호가 아니라 삶의 표준이 된다.

기본소득은 결국 신뢰의 정치다. 국가는 국민을 믿고, 국민은 국가를 신뢰하는 사회. 그 신뢰 위에서만 민주주의는 단단해진다. 나는 기본소득이 그 신뢰를 회복하는 첫 번째 계단이라 생각한다. 복지국가의 길은 멀고 험하지만, 누군가는 그 길을 열어야 한다. 나는 그 길을 정치로 열고 싶다. 그것이 내가 믿는 정치의 역할이며, 이 시대가 나에게 요구하는 책임이다.

돌봄국가 비전

'돌봄'을 복지의 하위 개념으로 보지 않는다. 그것은 사회를 작동하게 하는 가장 근본적인 구조다. 돌봄은 인간이 인간으로 존재하기 위한 조건이며, 관계의 가장 원초적인 언어다. 아이가 자라며 세상을 배우는 첫 순간도, 노인이 마지막 숨을 고르는 그 순간도 돌봄의 품 안에서 이루어진다. 하지만 오늘의 대한민국은 그 돌봄의 책임을 너무 오랫동안 개인에게 떠넘겨 왔다. 그것이 가족의 책임으로, 여성의 의무로, 그리고 가난한 사람의 몫으로 남겨졌다. 사회는 제도를 말하지만, 그 제도는 돌봄을 감당하지 못한다. 나는 이것이야말로 국가의 실패라 생각한다. 사회복지사로 일하면서 나는 그 실패의 현장을 수없이 마주했다. 병원에 홀로 누워 있는 노인, 출근길에 아이를 맡길 곳이 없어 직장을 포기하는 어머니, 치매에 걸린 배우자를 돌보다 결국 병이 난 노인. 제도는 존재했지만, 그 어디에도 '사람의 시간'은 없었다. 행정은 지원금을 계산하고 증빙자료를 요구했지만, 그 사이에서 사람들은 무너지고 있었다. 복지는 예산이 아니라 시

간의 문제다. 돌봄은 시간을 나누는 정치다. 한 사회가 돌봄의 시간을 어떻게 분배하느냐에 따라 그 사회의 품격이 결정된다. 나는 복지국가를 말하기 전에 먼저 '돌봄국가'를 이야기해야 한다고 믿는다.

사회복지사로 일하던 시절, 나는 그 실패의 현장을 수없이 마주했다. 병원에 홀로 누워 있는 노인, 출근길에 아이를 맡길 곳이 없어 직장을 포기하는 어머니, 치매에 걸린 배우자를 돌보다 결국 병이 난 노인. 제도는 존재했지만, 그 어디에도 '사람의 시간'은 없었다. 행정은 지원금을 계산하고 보고서를 요구했지만, 그 사이에서 사람들은 무너지고 있었다. 복지는 예산이 아니라 시간의 문제다. 돌봄은 시간을 나누는 정치다. 한 사회가 돌봄의 시간을 어떻게 분배하느냐에 따라 그 사회의 품격이 결정된다. 나는 복지국가를 말하기 전에 먼저 '돌봄국가'를 이야기해야 한다고 믿는다.

돌봄국가란, 개인의 책임을 사회가 함께 지는 체계다. 출산과 보육, 요양과 간병, 장애인 지원과 의료 돌봄이 한 틀 안에서 유기적으로 연결되는 구조다. 지금의 정책은 모두 단절되어 있다. 보건은 보건대로, 복지는 복지대로, 의료는 의료대로 따로 움직인다. 그러나 돌봄의 현실은 행정 구분 밖에 있다. 병든 노인은 의료의 대상이자 복지의 대상이고, 장애를 가진 부모는 동시에 교육과 노동의 문제를 안고 있다. 돌봄의 본질은 통합이다. 돌봄이 작동하려면 행정의 칸막이를 허물고, '사람 중심'의 구조로 재편해야 한다.

이제 돌봄은 더 이상 선택의 문제가 아니다. 2026년 3월 27일부터 시행되는 지역사회 통합돌봄법은 그 출발점이 될 것이다. 그러나 준비는 아직 부족하다. 인천시도, 내가 살고 있는 미추홀구도 마찬가지다. 제도가 시행되는 날은 가까워오는데, 돌봄의 현상은 여전히 분절되어 있다. 나는 돌봄 정책의 중심이 중앙정부가 아니라 기초지자체에 있어야 한다고 생각한다. 돌봄은 현장의 시간과 감정, 관계의 흐름 속에서 작동하는 정책이다. 구청의 행정시스템만으로는 결코 완성되지 않는다. 지역사회의 사회복지사, 간호사, 요양보호사, 자원봉사자, 마을기업과 사회적 협동조합이 함께 연결될 때만 진짜 돌봄은 가능하다.

나는 돌봄 국가를 실현하기 위한 기본 전제를 세 가지로 본다.

첫째, 돌봄은 인간의 권리다.

돌봄을 시혜로 인식하는 순간, 복지는 후퇴한다. 사람은 태어나는 순간부터 사회의 보호를 받을 권리가 있다. 아이가 자라기 위해, 노인이 존엄하게 살아가기 위해 필요한 시간과 서비스는 헌법이 보장해야 할 기본권의 영역이다.

둘째, 돌봄은 노동이다.

지금까지 돌봄은 '무급의 사랑'으로 평가받았다. 가정에서 이뤄지는 돌봄은 공적 가치로 인정되지 않았고, 현장에서 일하는 돌봄 노동자는 저임금과 불안정한 지위에 놓였다. 하지만 돌봄은 사회를 유지시키는 가장 고도의 기술이다. 존중받지 못하는 돌봄 노동은 결국 사회 전체의 신뢰를 무너뜨린다. 돌봄 노동의 임금과 복지를 개선하는 일은 단순한 처우개선이 아니라 사회의 지속 가능성을 지키는 일이다.

셋째, 돌봄은 투자다.

많은 사람들은 돌봄을 '돈이 드는 복지'로 생각하지만, 사실은 '돈을 버는 복지'다. OECD는 돌봄 서비스에 투자할수록 여성의 경제활동 참여율이 높아지고, 장기적으로 생산성이 향상된다고 분석한다. 돌봄은 GDP의 일부가 아니라, GDP의 토대다.

일본과 덴마크의 사례에서 많은 것을 배웠다. 일본의 '포괄케어시스템'은 의료와 복지, 주거와 요양을 통합한 모델이다. 지자체 단위에서 모든 서비스를 연계하며, 주민이 중심이 되어 스스로 지역의 돌봄 체계를 설계한다. 덴마크는 국가가 돌봄을 전담한다. 노인의 자립을 돕는 사회서비스는 무상이며, 간병인 교육은 공공기관이 맡는다. 덴마크의 복지는 화려하지 않지만, 촘촘하다. 그들은 돌봄을 '도와주는 일'이 아니라 '사회가 작동하는 방식'으로 본다. 나는 한국이 가야 할 길도 이와 같다고 생각한다. 돌봄을 제도 속의 한 항목으로 남겨두지 말고, 사회의 작동 원리로 만들어야 한다.

한국의 현실은 아직 멀다. 인천시의 사례만 봐도 돌봄 정책은 행정의 논리와 회계 기준 안에 갇혀 있다. 복지시설마다 예산이 쪼개지고, 사업평가가 숫자로만 진행된다. 돌봄은 수치로 평가될 수 없다. "오늘 몇 명이 이용했는가."보다 "오늘 몇 명이 외롭지 않았는가."가 더 중요한 지표다. 나는 정책회의 때마다 이 말을 반복했다. "복지는 숫자의 논리가 아니라 사람의 체온의 문제입니다." 복지를 행정이 독점하면 사람은 지워진다. 그래서 나는 늘 현장에 가서, 직접 손을 잡고, 눈을 맞췄다. 정치가 책상 위에서 시작되면 실패하고, 현장에서 시작되면 오래 간다. 돌봄 국가를 완성하기 위해선 기술과 제도의 결합도 필요하다. AI 기반의 건강 모니터링, 원격진료, 돌봄 로봇, 스마트홈 시스템은 고령사회에서 필수적인 도구가 될 것이다. 그러나 나는 기술이 인간을 대체해서는 안 된다고 생각한다. 기술은 돌봄의 효율을 높이는 보조수단일 뿐, 돌봄의 본질은 여전히 관계다. 인공지능은 대화를 흉내 낼 수 있지만, 공감을 대신할 수는 없다. 그래서 나는 '기술이 인간을 보완하는 복지국가'라는 방향을 제시하고 싶다. 기술은 효율을, 인간은 온기를 담당해야 한다.

돌봄의 핵심은 결국 '연결'이다. 국가는 제도를 만들고, 지자체는 시스템을 운영하며, 시민은 관계를 회복해야 한다. 돌봄이 제도로만 작동하면 행정이 되고, 시민의 참여가 결합하면 문화가 된다. 복지는 행정으로 시작해 문화로 완성되어야 한다. 지역의 자원봉사자, 복지기관, 종교단체, 기업의 사회공헌이 함께 얽혀야 진짜 돌봄 국가가 된다. 그 모든 연결의 중심에 '신뢰'가 있다. 신뢰는 제도보다 오래가고, 예산보다 강하다. 돌봄 국가를 단순한 복지의 구조가 아니라 '국가철학'으로 본다. 돌봄은 사회가 인간을 어떻게 바라보는가의 문제이며, 정치가 얼마나 책임을 감당할 수 있는가의 문제다. 돌봄이 무너지면 교육이 흔들리고, 교육이 흔들리면 경제가 무너진다. 돌봄은 국가의 근육이자 심장이다. 돌봄을 중심에 두는 사회는 약자를 보호하는 나라가 아니라, 모두가 안전한 나라다. 복지는 사회의 최소한을 지키지만, 돌봄은 사회의 최대치를 끌어올린다.

나는 이 시대의 정치를 '돌봄의 정치'로 다시 세우고 싶다. 그것은 거창한 구호가 아니라, 구체적인 행동의 철학이다. 한 사람의 식탁을 지키는 일, 한 노인의 하루를 보호하는 일, 한 아이의 잠을 지켜주는 일 — 그것이 국가가 해야 할 가장 근본적인 정치다. 돌봄이 무너지지 않으면, 국가는 무너지지 않는다. 돌봄은 복지의 끝이자, 정치의 시작이다. 나는 이 신념을 끝까지 지키고 싶다. 돌봄이 인간의 권리로 작동하는 사회, 돌봄 노동이 존중받는 나라, 그리고 돌봄이 곧 행복의 언어가 되는 국가. 그것이 내가 바라보는 복지국가의 미래이며, 내가 정치를 통해 실현하고자 하는 궁극의 비전이다.

지방자치의 힘과 한계

나는 지방자치를 민주주의의 말단이 아니라, 민주주의의 심장이라 믿는다. 국회가 법을 만들고 정부가 방향을 잡는다면, 지방정부는 사람의 삶을 움직인다. 중앙이 국가의 머리라면, 지방은 몸이다. 머리가 방향을 정할 수는 있어도, 몸이 움직이지 않으면 아무 일도 일어나지 않는다. 복지도, 돌봄도, 경제도 결국 지방에서 완성된다. 그러나 지금의 대한민국은 여전히 중앙의 손을 벗어나지 못하고 있다. 지방자치는 제도적으로 허용되었지만, 실질적으로는 제한되어 있다. 자치의 이름으로 운영되지만, 재정의 끈은 여전히 중앙에 묶여 있다. 그 결과, 지방정부는 늘 '정책의 집행자'로만 남는다. 나는 이것이 한국 민주주의의 가장 큰 한계라고 생각한다.

시의원으로 일하던 시절, 나는 그 한계를 온몸으로 느꼈다. 인천의 복지정책은 현장의 수요를 누구보다 잘 알고 있었지만, 예산은 중앙의 부처에서 내려왔다. 중앙정부가 정한 항목과 비율 안에서만 움직여야 했고, 그 틀을 벗어나면 감사와 제재가 뒤따랐다. 인천의 노인요양시설을 개선하려던 계획도, 사회복지사 처우개선을 위한 시범사업도 결국 예산의 장벽 앞에서 멈췄다. 지방이 스스로의 정책을 설계할 수 없다는 것은, 민주주의가 현장에서 멈춘다는 뜻이었다. 나는 그때 깨달았다. 중앙의 통제는 효율을 가져올 수 있지만, 현장의 진실을 왜곡한다는 사실을.

나는 지방자치를 세 가지 층위에서 다시 설계해야 한다고 생각한다. 첫째는 정책의 자율성, 둘째는 재정의 자립성, 셋째는 책임의 분권화다. 자율성은 정책을 현장의 언어로 번역할 수 있게 하고, 자립성은 재정의 권한을 되찾게 하며, 책임의 분권은 행정의 신뢰를 회복시킨다. 중앙이 모든 것을 결정하는 구조에서는 책임도 흐려진다. 책임이 분산되면 잘못은 늘 '시스템 탓'으로 귀결된다. 진짜 자치는 '책임을 질 수 있는 자율'에서 시작된다. 지방정부가 스스로 정책을 실험하고, 그 결과를 국가가 제도화하는 구조를 만들어야 한다. 나는 이를 '로컬 파일럿 시스템Local Pilot System'이라 부르고 싶다. 지금은 모든 정책이 중앙의 인가를 받아야 하지만, 지방이 먼저 실험할 수 있다면 정책의 속도와 다양성은 훨씬 커질 것이다. 예를 들어, 미추홀구가 지역 돌봄 공동체 모델을 시범 운영하고 그 성과를 분석해 인천시 전체로 확산시키는 방식이다. 복지는 정답이 하나가 아니다. 현장의 특성만큼 다양한 해법이 필요하다. 중앙의 획일적 기준은 현장을 잃게 만들고, 현장의 자율은 복지의 질을 높인다.

그러나 자율성만으로는 충분하지 않다. 지방이 진정한 권한을 가지려면 재정이 따라야 한다. 지금의 지방재정은 중앙 보조금과 교부세에 지나치게 의존한다. 국가 전체 복지예산의 절반 이상이 중앙정부에서 설계되어 내려오며, 지방정부는 집행만 담당한다. 이렇게 되면 창의적인 정책은 사라지고, 현장의 혁신은 멈춘다. 나는 복지재정의 분권율을 최소 50% 이상으로 높여야 한다고 주장한다. 지방정부가 스스로 재원을 설계하고, 지역 특성에 맞는 정책을 펼 수 있어야 한다. 재정의 자립은 단순히 돈의 문제가 아니라, 정책의 자유를 확보하는 일이다.

지방자치의 세 번째 조건은 책임의 분권화다. 권한이 내려가면 책임도 함께 내려가야 한다. 지방정부가 결정한 정책이 실패했을 때, 그 책임을 중앙으로 돌리지 않아야 한다. 반대로, 성공했을 때는 성과를 중앙이 독식하지 않아야 한다. 그 책임의 분권이 바로 민주주의의 근육이다. 시민이 시장을 평가하고, 구청장을 비판하고, 시의원을 감시하는 구조가 제대로 작동할 때 지방정치는 성장한다. 지방의 힘은 결국 시민으로부터 나온다. 나는 '시민참여예산제'를 가장 실질적인 민주주의로 본다. 시민이 예산편성 단계부터 참여해 지역의 우선순위를 결정하는 제도다. 미추홀구에서 주민참여예산제를 시행했을 때, 주민들은 도로 포장보다 공원 조명을 먼저 선택했다. '밤길이 무서운 것'이 그들의 삶에 더 직접적인 문제였기 때문이다. 나는 그 장면을 잊지 못한다. 전문가가 아닌 시민이 삶의 우선순위를 가장 잘 안다. 행정의 효율은 시민의 감각에서 나와야 한다.

지방정치는 '생활의 정치'다. 복지관의 급식비, 지역아동센터의 생활복지사 수, 공원의 조명 하나까지 모두 지방의 결정이다. 중앙정치가 거시경제를 다루는 동안, 지방정치는 사람의 일상을 책임진다. 그래서 나는 지방의회에 있을 때, 한 사람의 민원에도 진심을 다했다. 그것이 정치의 본질이었기 때문이다. 정치란 거대한 담론보다, 작은 생활의 변화를 만들어내는 일이다. 인천에서 사회복지사로 일하며 배운 것, 의회에서 조례를 만들며 느낀 것, 협회장으로 현장을 다시 돌아보며 확신한 것은 하나였다. 진짜 정치는 사람의 삶 속에 있다.

나는 지방자치를 '복지국가의 실험실'로 본다. 중앙정부가 아직 준비되지 않은 정책도, 지방에서는 먼저 시도할 수 있다. 이미 여러 나라가 그렇게 하고 있다. 스웨덴은 지방정부가 독자적으로 복지정책을 설계한다. 의료, 보육, 노인요양의 80% 이상을 지방이 직접 운영하며, 중앙은 표준만 제시한다. 일본 역시 '지역포괄케어' 시스템을 지방이 주도한다. 반면 한국은 여전히 중앙이 기준을 정하고, 지방은 보고서를 쓴다. 복지의 성공은 표준화보다 실험에 있다. 사람은 숫자로 관리되지 않기 때문이다.

물론 지방자치의 길에는 한계도 분명하다. 행정의 역량 격차, 정치의 파편화, 재정의 불균형남은 현실적인 문제다. 하지만 그 한계를 이유로 중앙집권을 강화하는 것은 시대착오적이다. 문제는 제도의 결함이 아니라, 신뢰의 부재다. 중앙은 지방을 믿지 못하고, 지방은 시민을 믿지 못한다. 신뢰가 복원되지 않으면 어떤 제도도 작동하지 않는다. 그래서 나는 지방자치를 신뢰의 정치로 본다. 제도보다 신뢰가 앞서야 하고, 행정보다 시민이 중심에 서야 한다.

나는 지방이 살아야 나라가 산다고 믿는다. 중앙은 정책을 설계할 수 있지만, 실천의 주체는 지방이다. 복지의 현장은 서울 여의도에 있지 않고, 인천의 골목길에 있다. 그 골목길을 걸어본 정치인만이 사람의 목소리를 안다. 나는 여전히 그 골목의 냄새를 기억한다. 어르신이 문을 열며 "오늘도 와주셨네요" 하던 그 목소리, 아이들이 뛰놀던 지역아동센터 복지관의 웃음소리, 그것이 내 정치의 출발점이었다. 지방정치는 추상적인 언어가 아니라, 구체적인 얼굴이다. 지방자치의 미래를 '복지 자치'로 보고 싶다. 중앙이 정한 지침이 아니라, 지역이 스스로 정한 기준으로 복지를 설계하는 사회. 행정의 논리가 아니라 사람의 체감으로 정책을 평가하는 구조. 지방이 스스로의 언어로 사람을 돌보는 나라 — 그것이 내가 꿈꾸는 지방자치의 완성이다.

공존과 연대의 정치

짧은 정치의 경험이지만, 나는 정치는 갈등의 조정이라고 생각한다. 상대를 설득하기보다 무너뜨리는 데 에너지를 쓰고, 서로 다른 생각은 토론의 대상이 아니라 공격의 명분이 되었다. 나는 오래전부터 정치가 잃어버린 언어가 하나 있다고 생각했다. 그것은 바로 연대連帶다. 연대는 협상의 기술이 아니라, 책임의 공유다. 사회가 무너지는 순간은 돈이 부족해서가 아니라, 서로를 믿지 못할 때다. 나는 정치를 다시 신뢰의 언어로 세우고 싶다.

협회장으로서 나는 '연대'라는 단어를 현장에서 매일 배웠다. 코로나19가 한창이던 시기, 인천의 사회복지시설은 거의 마비 상태였다. 아이들은 집에 갇혔고, 노인들은 돌봄 공백 속에서 불안을 호소했다. 행정은 매뉴얼을 들고 오히려 현장을 지연시켰다. 그때 우리는 '복지연대 네트워크' 형식의 협의를 만들었다. 시청과 민간복지기관, 종교단체, 기업, 자원봉사단체가 함께

한 비상 연대 조직이었다. 누가 주체인지 따지지 않았다. 필요한 곳에 필요한 물품을 보냈고, 식료품과 방역물품을 함께 전달하며 상담을 병행했다. 어느 기업은 트럭을 빌려주었고, 한 교회는 비닐장갑을, 또 다른 시민단체는 도시락을 만들었다. 그때 나는 깨달았다. 행정이 아닌 관계의 힘이 위기 속에서 사람을 구한다는 사실을.

연대는 말로 하는 것이 아니라, 손으로 하는 일이다. 마스크를 포장하고, 전화를 돌리고, 직접 현장에 나가 함께 서 있는 일이다. 복지는 시스템으로 움직이지만, 연대는 사람으로 움직인다. 행정은 효율을, 연대는 온기를 만든다. 복지가 없으면 제도가 무너지고, 연대가 없으면 제도는 차갑게 식는다. 나는 협회에서 일할 때마다 이 원리를 확인했다. 회의실에서 결정된 계획이 현장에서 작동하려면 반드시 '사람의 사슬'이 필요했다. 그 사슬은 직책이 아니라 마음으로 이어진다.

종종 "정치는 제도 속에서, 복지는 사람 속에서 완성된다."고 말한다. 그러나 진짜 정치인은 제도 속에서도 사람을 본다. 연대의 정치는 단순히 따뜻한 감정의 문제가 아니다. 그것은 사회 시스템의 지속성을 지탱하는 유일한 장치다. 코로나 시기, 연대 네트워크는 사회복지사각지대를 찾아냈고, 단기 지원을 장기 프로그램으로 연결시켰다. 나는 이 과정을 보며 확신했다. 정치의 본질은 결국 협력의 구조를 설계하는 일이라는 것을.

연대정치는 복지의 확장판이다. 복지가 개인의 삶을 보호하는 장치라면, 연대는 사회의 신뢰를 복원하는 장치다. 사회가 불평등해질수록, 사람들은 각자의 울타리로 숨어든다. 그러나 연대는 울타리를 넘게 한다. 김치를 나누던 손이 서로의 사정을 이해하게 만들고, 물품을 전달하던 발걸음이 다른 사람의 현실을 보게 한다. 복지는 예산으로, 연대는 관계로 세워진다. 그래서 나는 늘 말했다. "복지가 사회의 근육이라면, 연대는 사회의 혈관이다." 근육만 발달하고 혈관이 막히면 사회는 병든다.

그러나 연대의 길은 늘 쉽지 않았다. 이해관계가 충돌하고, 주도권을 둘러싼 경쟁이 일어나기도 했다. 그럴 때마다 나는 생각한다. "우리는 같은 목적을 가지고 있습니다. 이 일의 주인은 행정도, 단체도 아닙니다. 바로 시민입니다." 연대의 정치는 결국 '주인의식의 정치'이다. 누구의 공로인지 따지지 않고, 결과의 주체를 시민에게 돌려주는 것. 그것이 진짜 공공의 정치다.

나는 연대의 정치를 세 가지 형태로 구분해 설명하고 싶다.

첫째, 정책적 연대.

중앙과 지방, 민간과 공공이 함께 정책을 설계하는 구조다. 인천의 사회복지사 처우개선 로드맵이 바로 그 모델이었다. 행정이 예산을 제시하고, 협회가 데이터를 제공하며, 현장 사회복지사가 현실을 조언했다. 세 영역이 함께 만든 결과는 효율적이면서도 인간적이었다.

둘째, 사회적 연대.

시민, 종교, 기업, 단체가 참여하는 협력망이다. 예를 들어, 수미정사 종연 큰스님은 늘 이렇게 말씀하셨다. "절은 키우지 않겠습니다. 사람을 키우겠습니다." 나는 그 말에 깊이 공감했다. 그분의 뜻을 이어 복지법인을 설립했고, 지금도 그곳은 지역 어르신과 청소년을 위한 돌봄 사업을 운영하고 있다. 종교가 권력이 아니라 연대의 주체로 서는 순간, 복지는 더 넓게 퍼진다.

셋째, 시민적 연대.

이웃 간의 연결이다. 행정이 닿지 못하는 곳을 시민이 메운다. 김장 나눔, 도시락 배달, 청소년 멘토링, 지역 공동체 사업은 모두 시민적 연대의 결과다. 이 연대가 많을수록 사회는 따뜻해지고, 행정은 강해진다.

연대의 정치가 중요한 이유는 그것이 갈등을 해결하는 유일한 길이기 때문이다. 정치의 언어는 이념으로 나뉘지만, 연대의 언어는 삶으로 통한다. 한 노인의 식탁과 한 아이의 교실은 진보나 보수로 나뉘지 않는다. 복지의 현장은 이념보다 생존이 앞선다. 연대의 정치는 바로 그 '생존의 정직함'을 기반으로 한다. 정치가 사람을 나누는 언어가 아니라, 함께 살게 하는 언어로

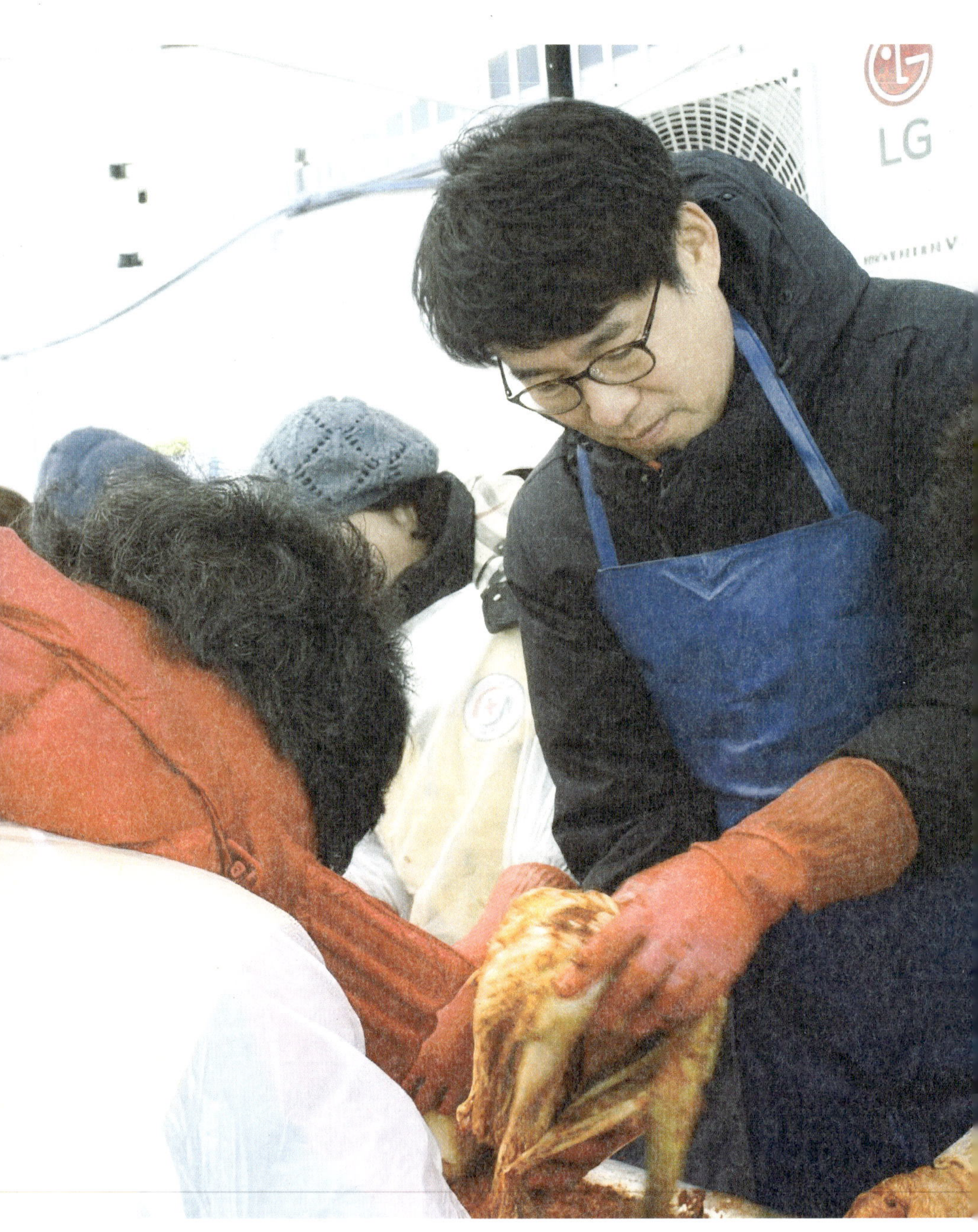
LG

복귀해야 하는 이유다.

나는 좋아하는 문구가 있다.

"함께 가야 멀리 간다. 혼자 가면 빨리 가지만, 함께 가면 반드시 도착한다."

이 문장은 나의 정치 철학이자, 모든 사업의 운영 원칙이기도 했다. 정치가 속도를 선택할 때, 사회는 지친다. 그러나 방향을 잃지 않는 사회는 반드시 도착한다. 연대는 그 방향을 잡아주는 나침반이다.

복지의 미래는 연대의 확장 위에 세워져야 한다. 복지가 한 사람의 일상을 지키는 일이라면, 연대는 공동체 전체를 지키는 일이다. 복지의 기초 위에 연대의 지붕이 있어야 사회가 완성된다. 나는 정치를 통해 이 구조를 만들고 싶다. 제도와 행정이 사람을 품고, 시민과 공동체가 제도를 지탱하는 정치. 그것이 내가 말하는 공존의 정치, 연대의 정치다.

VII

맺는 말

걷는 자의 기록

멈추지 않는 경청, 현장으로 이어지는 길

대선, 현장에서 길어 올린 기록들

연대의 보폭, 현장의 온도로 기록하다

바통을 쥐는 손, 다음 세대를 향한 이정표

기록, 멈추지 않는 책임의 궤적

멈추지 않는 경청,
현장으로 이어지는 길

회의실의 불이 꺼지고 마지막 보고서를 덮은 뒤에도, 내 귓가에는 그날 만난 사람들의 목소리가 선명한 잔상으로 남는다. 현장에서 만난 사회복지사, 골목의 어르신, 그리고 미래를 묻던 청년들까지. 그들의 어조와 단어는 제각각이었으나, 결국 나를 향한 요청은 하나의 지점으로 모였다. "우리가 조금 더 숨 쉴 수 있는 세상을 만들어 달라"는 그 낮은 당부가 나에게는 늘 풀리지 않는 숙제처럼 무거웠다. 그 평범한 소망이 실현되는 데 왜 이토록 많은 시간이 걸리는지, 왜 그토록 수많은 벽을 넘어야 하는지 묻는 과정이 내가 공직을 선택한 이유였고 지금도 나를 현장으로 밀어내는 동력이다. 속도감 있는 결정보다는 충분히 듣고 오래도록 고민하는 시간 속에 해답이 있다고 믿는다. 행정의 효율이 빠른 결론을 지향한다면, 내가 지향하는 지점은 타인의 고통에 공감하며 함께 시간을 견디는 일에 가깝다. 효율은 가시적인 성과를 남기지만, 공감은 사람과 사람 사이의 단단한 관계를 남기기 때문이다. 누군가의 삶이 뒤바뀔 수 있는 중차대한 문제일수록, 더 깊이 듣고 더 신중하게 단어를 골라야 한다. 나에게 공직의 보람은 상대를 이기는 승부의 쾌감이 아니라, 누가 더 오래 시민의 곁에서 귀를 기울이느냐는 인내의 과정에서 찾아온다.

말을 잘하는 기술보다 중요한 것은 타인의 사정을 온전히 받아들이는 철학이다. 화려한 변설은 당장의 설득을 이끌어낼지 모르나, 진심 어린 경청은 시민과의 깊은 신뢰를 구축한다. 나는 그 정직한 경청의 힘이 제도를 바꾸고 정책을 태동시키는 장면을 수없이 목격했다. 사회복지사로 일하던 시절부터 내 주머니에는 늘 작은 수첩이 있었다. 그곳에는 이름과 나이, 처한 사정, 그리고 대화하던 날의 미세한 표정 변화까지 기록되어 있었다. 누군가의 고단한 사연이 조례의 문구로 옮겨지고, 그들의 눈물이 정책의 근거가 되는 일—그것이 내가 공직자로서 마땅히 수행해야 할 정직한 노동이었다.

의정 활동을 하는 동안 "제도가 정말로 사람의 삶을 바꿀 수 있느냐"는 본질적인 물음을 자주 받았다. 그럴 때면 나는 정치가 사람을 개조하는 것이 아니라, 다만 그들이 하루를 더 견딜 수 있도록 든든한 버팀목이 되어주는 일이라고 답하곤 했다. 삶의 무게가 버거운 이들이 잠시 숨을 고르며 기대 쉴 수 있는 작은 공간을 마련해주는 것, 그것이 내가 지켜온 소신이다. 그러한 변화는 차가운 숫자나 딱딱한 법령만으로는 완성되지 않는다. 그것은 타인을 대하는 태도의 문제이며, 마음을 다해 현장을 살피는 정성의 문제다.

나는 대화를 두 가지 필수적인 행위로 이해한다. 하나는 온 마음으로 귀를 여는 것이고, 다른 하나는 상대와 함께 기꺼이 시간을 쓰는 것이다. 귀를 닫은 이는 사람의 마음을 얻지 못하며, 시간을 아끼려는 행정은 문제의 뿌리에 닿지 못한다. 나는 늘 현장으로 나가서 아낌없이 시간을 보냈다. 길게 듣고 천천히 걸으며, 시민들의 투박한 언어로 표현된 문제들을 제도의 언어로 번역하려 애썼다. 그 지루할 정도의 시간들이 나에게 공공의 책임이 무엇인지를 가르쳐주었다. 사람들의 이야기를 깊이 듣다 보면, 행정의 본질은 냉철한 논리 이전에 따뜻한 온도에 있다는 사실을 절감한다. 이성적인 판단도 중요하지만, 그 판단을 생동하게 만드는 것은 사람의 체온이 담긴 온기다. 행정이 차가운 이성만을 남길 때 사회는 급격히 메마른다. 제도가 사람의 온기를 잃지 않기 위해서는 언제나 규정보다 마음이 앞서야 한다. 그래서 나는 정책의 도입이라는 결과보다 그 정책이 빚어지는 과정에 더 큰 비중을 두었다. 과정 속에 시민의 마음이 녹아 있고, 그 마음이야말로 진짜 변화를 이끌어내는 동력이기 때문이다.

성과로 평가받는 자리일지라도, 신뢰는 투명한 과정 속에서 싹튼다. 나는 수많은 회의와 토론에서 결과의 정당성만큼이나 과정의 합리성을 설득하려 노력했다. 절차가 투명하다면 결과가

다소 불완전하더라도 사람들은 기꺼이 그 제도를 수용한다. 공직의 길은 완벽한 정답을 내놓는 자리가 아니라, 불완전한 현실을 조금씩 보완하며 완성해가는 여정이다. 나는 그 과정에서 드러나는 불완전함을 두려워하지 않는다. 오히려 그것이 인간미 넘치는 행정의 얼굴이며, 사회를 더 단단하게 결속시키는 계기라고 믿는다.

지금도 나는 책임의 또 다른 이름이 대화라고 생각한다. 경청은 귀를 기울이는 행위에서 시작하여, 그 목소리를 삶의 변화로 연결하는 책임으로 매듭지어진다. 말을 내뱉는 쪽보다 그 말을 받아 적는 쪽이 더 무거운 짐을 지듯, 공공의 책임도 그렇게 작동한다. 권력의 중심에 서 있을 때보다 그 무게를 온전히 실감할 때 비로소 성숙해질 수 있었다. 그 책임감이야말로 내가 여전히 길 위에 서 있는 이유다. 그렇기에 나는 오늘도 여전히 듣는 일을 멈추지 않는다. 사람들의 정당한 불평, 소박한 희망, 날카로운 제안, 그리고 때로는 뼈아픈 원망까지도 모두 내 행보의 소중한 동력으로 삼는다. 경청으로 시작된 고민은 현장을 걷는 발걸음을 통해 비로소 완성된다. 들은 것을 실천으로 옮길 때 비로소 변화의 싹이 튼다. 나는 그 고된 걸음을 포기할 생각이 없다. 공직이란 거창한 단상 위에 오르는 일이 아니라, 사람들의 목소리가 흐르는 길을 따라 묵묵히 걷는 일이기 때문이다. 그 길 위에서 대화는 계속될 것이고, 사회는 아주 조금씩이라도 나아질 것이다. 오늘 내가 귀담아들은 이야기가 내일의 정책이 되고, 오늘 내가 현장에서 멈춘 걸음이 누군가의 새로운 출발이 될 것임을 믿는다. 그래서 나는 오늘도 듣는다. 조용히, 그러나 지극한 진심으로. 듣는다는 것은 곧 그들과 끝까지 함께 걷겠다는 나의 약속이기 때문이다.

대선,
현장에서 길어 올린 기록들

정치가 시대의 흐름을 읽는 일이라면, 대통령 선거는 그 흐름이 거대한 폭포가 되어 쏟아지는 지점이다. 그 압도적인 낙차 앞에서 개인의 안위는 지워지고, 오직 감당해야 할 책임의 실체만 선명하게 남는다. 나는 그 거센 물줄기 한복판에서 정치를 다시 배웠다. 또한 두 번의 대선을 거치며 시대의 부름과 시민의 요구가 어떻게 부딪히고 융합되는지를 목격했다. 20대 대선에서는 인천시당 선대위 종합상황실장으로서 선거의 전 과정을 관리했고, 21대 대선에서는 직능본부 부본부장과 직능지원단장을 맡아 복지와 노동, 사회의 여러 계층을 잇는 가교 역할을 수행했다. 두 번의 선거와 두 번의 결과, 그 사이를 지나는 동안 나는 내 안에 고착되어 있던 관념들을 허물고 현장의 언어를 새로 익혔다.

20대 대선이 남긴 패배의 기록은 차가웠다. 개표 방송의 숫자는 단호했고, 화면을 가득 채운 낙선의 자막은 번복되지 않는

사실을 반복해서 내보냈다. 그러나 그 패배의 한복판에서 나는 오히려 공공의 신뢰가 얼마나 무거운 것인지를 실감했다. 표를 얻는 기술보다 중요한 것은 시민과의 관계를 지탱하는 보이지 않는 끈이었다. 정책의 완결성이 아무리 훌륭하더라도, 그 바탕에 시민의 믿음이라는 지반이 확보되지 않는다면 제도는 결코 사람의 마음을 움직일 수 없다. 신뢰는 정교한 문장으로 직조되는 것이 아니라, 사람의 얼굴을 마주하고 그들의 고단한 시간을 함께 견뎌낼 때 비로소 싹트는 물리적 실체임을 나는 그 밤에 뼈저리게 느꼈다. 선거 캠프의 불이 꺼진 뒤 홀로 남은 회의실은 기묘한 정적에 휩싸여 있었다. 임자를 잃은 빈 의자와 식어버린 커피잔, 벽면을 가득 채웠던 전략표와 구호들을 보며 나는 정치적 행위가 결국 사람의 온도로 완성되어야 함을 깨달았다. 권력의 정점에서 얻는 확신보다, 패배의 고요한 자리에서 얻는 성찰이 나의 뿌리를 더 깊게 만들었다. 승리의 환호는 종종 눈을 가리지만, 패배의 침묵은 숨겨진 진실을 가감 없이 드러낸다. 그 시린 계절은 나에게 정직한 보폭의 중요성을 가르쳐준 가장 엄격한 스승이었다.

그러나 그 성찰은 멈춤이 아닌 다시 시작하기 위한 전제였다. 21대 대선에 다시 합류했을 때, 내 어깨에 놓인 책임의 무게는 이전과는 비교할 수 없을 정도로 묵직했다. 이재명 후보와 함께 했던 그 시간은 내 인생에서 가장 치열하게 정책의 본질을 파고 들었던 시기였다. 밤늦도록 이어지는 회의 속에서 경제, 복지,

노동, 주거 등 국가의 모든 의제가 한꺼번에 쏟아져 나왔다. 나는 방대한 자료를 정리하며 복지가 단순히 사회의 한 영역을 수혜적으로 지원하는 것이 아니라, 국가라는 거대한 구조를 지탱하는 핵심 뼈대여야 한다는 확신을 가졌다. 복지는 정책의 하위 개념이 아니라, 정치라는 전체 집을 떠받치는 기둥이었다.

캠프 활동 중 나를 가장 깊게 흔들었던 장면은 회의실 안의 전략이 아니라, 후보가 시민의 일상 속으로 걸어 들어가는 현장에 있었다. 시민의 손을 잡고 그들의 고충을 듣는 뒷모습에서 나는 정치가 가야 할 유일한 방향을 보았다. 거창한 담론보다 중요한 것은 한 사람의 눈높이에서 그의 고통을 이해하려는 정직한 태도였다. 21대 대선의 승리는 단순히 집권의 주체가 바뀌는 사건을 넘어, 타인의 아픔에 응답하는 공감의 정치가 여전히 유효하다는 증명이었다. 갈등과 분열의 파고 속에서도 사람들은 결국 서로를 보듬는 공공의 언어를 향해 움직이고 있었다. 나는 캠프에서 실무를 총괄하며, 제도의 설계보다 중요한 것이 감정의 회복이라는 점을 깨달았다. 복지는 그 회복된 감정을 구체적인 제도의 틀로 안착시키는 가장 정직한 언어였다. 오직 사람의 삶을 중심에 둔 행보만이 시민의 선택을 받을 수 있다는 확신이 캠프의 매일을 견디게 했다.

두 번의 대선을 지나며 내가 얻은 가장 큰 배움은 속도보다 방향이 우선되어야 한다는 점이다. 빠르게 목적지에 도달하는 기술보다, 올바른 궤적을 그리며 걷는 정직함이 훨씬 더 어렵고 가치 있다. 수많은 선거 전략이 명멸했지만, 결국 내 가슴에 남은 것은 국민이 갈구하는 것이 완벽한 제도의 제시가 아니라 진심으로 자신들의 목소리에 귀 기울여주는 태도라는 사실이었다. 나는 그 가르침을 정책 수첩의 첫 장에 새겨 넣었다. 결국 모든 행보는 사람으로부터 시작되어 사람으로 귀결된다. 캠프에서의 긴박한 회의, 한 줄의 기자회견문, 현장에서 나눴던 수많은 악수들은 권력을 향한 기술이 아니라 관계를 회복하려는 간절한 언어였다. 패배의 긴 터널과 승리의 가파른 능선을 모두 경험하고 나서야, 나는 비로소 정치를 믿음의 축적이라는 관점에서 바라보게 되었다. 그 믿음의 지반이 흔들리면 정책이라

는 성벽은 모래성처럼 무너진다. 시민에게 투명하게 설명할 수 없는 언어는 설득의 힘을 잃고, 설득하지 못하는 정치는 존재의 이유를 상실한다.

나에게 정치는 늘 '다음'을 설계하는 책임의 과정이다. 승리도 패배도 그 자체로 종착지가 아니라, 더 나은 내일을 쓰기 위한 문장이 될 뿐이다. 두 번의 거대한 파도를 넘으며 나는 정치가 끊임없이 새로운 시작을 잉태하고 있음을 목격했다. 그래서 나는 다시 신발 끈을 묶는다. 화려한 권력을 탐하는 대신 묵직한 책임을 남기고, 표의 계산 대신 신뢰의 기둥을 세우며, 복지를 통해 사람의 존엄을 지키는 길. 그것이 내가 대선의 치열한 현장에서 체득한, 결코 배반할 수 없는 소명이다.

연대의 보폭, 현장의 온도로 기록하다

현장에서 흔히 정치를 설득의 기술이라 말하곤 하지만, 나는 그 말이 절반의 진실만을 담고 있다고 생각한다. 정치는 상대를 움직이려는 일방적인 설득보다는, 서로의 처지를 묶어내는 '연결의 정성'에 더 가까웠다. 설득이 단기적인 승패를 가르는 기술이라면, 연결은 보이지 않는 신뢰를 통해 관계의 지속성을 확보하는 일이다. 그래서 나는 제도의 효용을 설명할 때 숫자보다는 '온도'라는 단어를 떠올린다. 법전이나 예산안 자체는 차가울 수밖에 없으나, 그 제도를 운용하는 사람의 시선은 반드시 따뜻해야 한다고 믿기 때문이다. 그 온기를 잃지 않게 만드는 힘은 결국 타인과 어깨를 맞대는 연대에서 나온다. 연대는 결코 거창한 구호 속에 머물지 않는다. 그것은 누군가의 사소한 일상을 들여다보고, 서로의 결핍을 기꺼이 인정하는 평범한 순간들에서 태어난다. 나는 복지의 최전선에서 그 정직한 연대의 힘을 수없이 목격했다. 퇴근 시간이 훌쩍 지났음에도 홀로 계신 어르신의 귀갓길을 끝까지 살피는 사회복지사의 뒷모습, 주말을 반납하고 장애인 보호시설 아이들의 곁을 지키는 종사자의 손길 속에 연대의 본질이 실재했다. 그것은 어떤 행정적 명령이나 매뉴얼로 강제할 수 없는, 인간의 가장 본능적이고도 숭고한 반응이었다. 제도가 이러한 개개인의 선의를 안전하게 담아낼 수 있는 그릇이 될 때, 우리 사회의 온도는 비로소 상승한다.

신뢰는 단 한 번의 화려한 선언으로 구축되지 않는다. 그것은 사소한 약속을 지켜낸 시간들이 켜켜이 쌓인 결과이며, 꾸준하게 쌓아 올린 신용의 누적이다. 나는 복지 현장과 협회를 오가며 한 번의 큰 지원보다는 지속적인 관심이, 거액의 예산보다는 정성 어린 안부 전화 한 통이 사람의 마음을 돌려세우는 장면을 매일같이 보았다. 공직의 행보도 이와 다르지 않다. 연대는 제도의 공표로 완성되는 것이 아니라, 시민의 손을 잡는 그 행위 안에 진심이 담겨 있느냐에 따라 결정된다. 사람들은 그 손길이 계산된 보폭인지, 아니면 진심 어린 다가감인지를 본능적으로 간파한다. 진심은 화려한 언어로 감출 수 없는 물리적 무게를 지닌다.

나는 이재명 대통령이 후보 시절과의 인연 속에서도 사람의 마음을 만지는 일의 중요성을 거듭 확인했다. 그는 정치가 사람의 고통을 위로하는 행위여야 한다고 강조했다. 그 말은 단순한 감상의 토로가 아니라, 정치가 차가운 숫자의 논리에 매몰되어 갈 때마다 인간의 체온을 잊지 말라는 엄중한 경고로 다가

왔다. 공적인 영역이 차갑게 식어버릴 때 사회의 가장 약한 고리부터 얼어붙기 시작한다. 복지의 지향점은 그 얼어붙은 삶의 조각들을 녹여내는 일이다. 내가 복지를 공직의 하위 개념이 아닌, 정치가 도달해야 할 최종적인 목적지로 삼는 이유가 바로 여기에 있다.

공직자의 온도는 그가 서 있는 자리에 따라 결정된다고 생각한다. 권력의 중심부로 들어갈수록 공기는 희박하고 차가워지지만, 현장의 골목으로 깊숙이 들어갈수록 공기는 사람들의 숨결로 따뜻해진다. 나는 의정 활동을 하든 협회 일을 맡든, 늘 사람들 틈바구니에 머물기를 원했다. 복지관의 비좁은 복도, 노인센터의 소란스러운 식당, 장애인 직업훈련소의 작은 책상들 사이에서 나는 수많은 공공의 언어를 채집했다. 그곳의 대화에는 세련된 이념이나 복잡한 예산 수치는 없었지만, 대신 '함께 살아가자'는 가장 따뜻하고도 단단한 문장들이 살아 숨 쉬고 있었다.

진정한 연대란 서로를 적으로 돌리지 않는 태도에서 출발한다. 지금 우리 사회가 잃어버린 것은 거창한 거대 담론이 아니라 타인을 대하는 기본적인 정중함과 예의라고 생각한다. 상대를 기어이 이기려는 태도, 타인의 말을 가로막으려는 오만함, 정당한 비판을 공격으로 치환하는 협량함이 사회의 온도를 끊임없이 떨어뜨리고 있다. 정치는 냉소의 기술이 아니라 희망을 복원하는 노동이어야 한다. 연대는 그 무너진 희망의 지반을 다시 다지는 과정이다. 서로에 대한 존중이 회복될 때 사회는 비로소 다시 일어설 힘을 얻는다.

나는 복지의 현장에서 나눔이 어떻게 연대의 보폭으로 확장되는지를 배웠다. 누군가를 돌보는 행위는 단순히 도움을 주는 것을 넘어, 상대와 보조를 맞춰 함께 걷겠다는 약속이다. 공공의 정책이 한 사람의 이름을 정직하게 불러주는 순간, 행정은 딱딱한 제도를 넘어 따뜻한 관계가 된다. 그 관계의 토양 위에

서만 사회의 상처는 아물고 회복된다. 그것이 내가 지향하는 연대의 본질이다.

공직의 언어는 차가운 수치 위에 세워질지 모르나, 그것을 유지시키는 연료는 결국 사람의 온기다. 나는 그 온기를 지켜내는 일을 내 행보의 중심에 두고자 한다. 정치는 결국 마음을 얻고 나누는 과정이다. 사람의 마음이 닿지 않는 정책은 설령 수치상의 성공을 거둘지라도 본질적으로는 실패한 것이나 다름없다. 반대로 진심이 닿은 시도는 비록 완벽하지 않더라도 사람들의 기억 속에 의미 있는 이정표를 남긴다. 나는 그 보이지 않는 의미의 힘을 믿는다. 그 믿음이야말로 내가 지켜야 할 정치의 온도이며, 끝내 포기할 수 없는 나의 신념이다.

바통을 쥐는 손,
다음 세대를 향한 이정표

현재를 관리하는 행정의 보폭 속에서도 나는 늘 뒤에 남겨질 풍경들을 생각한다. 공직의 길 위에서 내가 얻은 자리는 결코 영원한 소유가 아니라, 잠시 위임받은 책임의 구간일 뿐이기 때문이다. 그 여정의 끝에는 언제나 다음 세대가 기다리고 있다. 나에게 공공의 역할은 단절된 현재를 가꾸는 일이 아니라, 미래로 이어지는 시간의 다리를 놓는 노동에 가깝다. 이 다리가 부실하면 공동체는 방향을 잃고 표류한다. 권력의 승계가 아닌 책임의 계승을 고민하는 것, 그것이 내가 매 순간 스스로에게 던지는 서늘한 질문이다.

청년 세대가 정치를 외면한다는 진단에 나는 온전히 동의하기 어렵다. 그들은 정치를 외면한 것이 아니라, 자신들의 고통을 정직하게 대변하지 못하는 무능한 언어에 응답하지 않았을 뿐이다. 나는 그들의 침묵을 비난하기보다 그들이 왜 등을 돌려야 했는지를 먼저 묻는다. 청년의 삶은 기성세대가 씌워놓은 '꿈과 열정'이라는 낭만적인 틀로 설명되지 않는다. 불안정한 고용 구조, 치솟는 주거비, 학자금의 굴레, 그리고 돌봄의 사각지대—이 서늘한 실체들이 바뀌지 않는 한, 정치의 수사학은 그들에게 공허한 소음으로 남을 뿐이다. 청년이 사회의 주체로 서기 위해 필요한 것은 시혜적인 배려가 아니라 단단한 신뢰의 지반이다. 그들은 이미 환경운동의 현장에서, 혁신적인 스타트업의 공간에서, 그리고 낮은 곳의 사회적 경제 현장에서 기존의 틀을 깨는 새로운 모델을 스스로 구축하고 있다. 이러한 변화의 에너지가 제도의 영역으로 흡수되지 못한다면 사회의 복원력은 약해질 수밖에 없다. 그래서 나는 청년 정책을 단순히 베푸는 '지원'의 관점이 아니라, 그들의 역량과 행정을 묶어내는 '연결'의 관점에서 바라본다. 청년은 행정의 수혜 대상이 아니라, 공동의 미래를 설계하는 파트너여야 한다. 그 인식의 전환이야말로 지금 우리가 가장 먼저 감당해야 할 몫이다.

세대교체의 본질은 생물학적 나이의 교체가 아니라 '태도의 교체'에 있다고 생각한다. 경험이 결여된 열정은 현실의 벽 앞에서 쉽게 마모되지만, 열정이 사라진 경험은 낡은 관성에 머무른다. 진짜 새로운 세대란 책임을 기꺼이 나누려 하고, 다름을 존중하며, 공동의 미래를 위해 자신을 기꺼이 던지는 태도를 가진 이들이다. 나이가 아니라 책임을 지는 방식이 세대의 경계를 결정짓는 법이다. 나는 정체된 나이의 교체가 아닌, 정직한 책임감의 세대교체를 신뢰한다. 현장에서 청년들을 만날 때마다 나는 배우는 사람의 자리에 선다. 그들은 좌절이 일상이 된 시대 속에서도 희망의 조각들을 찾아낸다. 행동하고 참여하며 스스로 실험하는 그들의 보폭은 이미 기성 정치의 속도를 앞서가고 있다. 나는 그 역동적인 흐름을 두려워하기보다 그 속에서 우리 사회가 나아갈 새로운 궤적을 본다. 공직자가 다시 배움의 자리로 돌아가야 한다면, 나는 기꺼이 그들의 학생이 되어 현장의 언어를 새로 익히고자 한다.

협회에서 3년째 운영 중인 '사회복지사 정치아카데미'는 그러한 배움의 의지가 제도화된 공간이다. 이 프로그램은 단순히 지식을 전달하는 강의실이 아니라, 젊은 사회복지사들이 직접 입법의 과정을 익히고 여야 국회의원들과 치열하게 토론하며 정책의 구조를 설계하는 실제 훈련장이다. 나는 그들이 정책의 조문을 다듬고 현장의 요구를 제도화하는 과정을 지켜보며, 성숙한 시민성이 민주주의의 가장 단단한 기반이 된다는 확신을 얻었다. 정치는 가르치는 자의 권위가 아니라, 함께 배우는 자들의 연대 위에서 비로소 완성된다.

나는 공공의 무대가 끊임없이 쇄신되는 배움의 장이 되길 원한다. 배움을 멈춘 공직자는 현실의 결에서 멀어지고, 후배들과 호흡하기를 포기한 선배는 미래를 잃는다. 청년의 언어로 정책의 첫 줄을 다시 쓰고, 청년의 시선으로 사회의 그늘을 재조명한다면 우리의 언어는 훨씬 더 풍부해질 것이다. 그들은 미래

에 도달할 수혜자가 아니라, 바로 지금 이 순간을 살아가는 주체다. 이 인식이 뿌리 내릴 때 정치의 구조도 비로소 인간의 얼굴을 닮아갈 것이다. 인간의 역사는 한 세대가 달려온 길을 다음 세대가 이어받는 끈질긴 릴레이다. 우리는 모두 시간이라는 트랙을 달리는 주자들이다. 잠시 맡은 구간을 전력으로 달리고, 다음 사람에게 바통을 인진하게 건네주는 것이 우리에게 주어진 유일한 소명이다. 그 과정에서 넘어지거나 숨이 가쁠 수도 있겠으나, 손에 쥔 바통의 무게를 잊지 않는 한 길은 계속된다. 나는 그 바통을 다음 세대에게 가장 정직한 방식으로 넘겨주고 싶다. 그것이 내가 지켜온 책임이며 다음 시대를 향한 나의 약속이다.

미래를 말할 때 나는 단순히 희망이라는 단어에 기대지 않는다. 희망은 구호로 선언되는 것이 아니라, 탄탄한 제도의 구조로 만들어지는 것이기 때문이다. 청년이 정책 결정의 한복판에 참여하고, 스스로의 문제를 제도로 해결할 수 있는 체계가 구축될 때 희망은 비로소 물리적 실체가 된다. 나는 그 길을 닦는 노역을 마다하지 않는 사람으로 남고 싶다. 다음 세대가 나보다 더 멀리 나아갈 수 있도록, 나는 기꺼이 그들의 발판이 되어 길의 초입을 지킬 것이다.

결국 연대란 청년의 용기와 기성세대의 경륜이 하나의 지점에서 만날 때 비로소 균형을 이룬다. 청년의 눈빛 속에서 나는 오래전 세상을 바꾸겠다고 다짐했던 나의 청춘을 본다. 시대는 바뀌었으나 더 나은 사회를 향한 갈망의 열정만은 변하지 않았다. 그 열정이 공공의 불씨로 이어질 때 우리 사회는 더 단단해질 것이다. 나는 그 불씨를 소중히 살피고, 때로는 다시 피워 올리는 사람으로 기억되고 싶다. 그것이 내가 믿는, 다음 세대를 위해 남겨야 할 마지막 기록이다.

기록,
멈추지 않는 책임의 궤적

정치의 여정은 마침표가 찍히지 않는 진행형의 과업임을 인정하며 걸어왔다. 그것은 언제나 미완성이고, 늘 불완전할 수밖에 없는 길이다. 누군가는 이 길을 권력을 쟁취하기 위한 각축전이라 말하지만, 나에게 공직은 매 순간 주어지는 책임의 무게를 견디는 일에 더 가까웠다. 사람의 삶을 어루만지는 일은 단 한 번의 결단으로 매듭지어지지 않는다. 법령이 바뀐다고 해서 현장이 즉각 온기를 되찾는 것도 아니다. 변화는 제도의 문구보다 사람의 마음에서 먼저 시작되며, 나의 소명은 그 마음이 무너지지 않도록 곁을 지키는 진직한 노력이있다.

조급한 세상의 요구와 달리, 사람의 일상은 그리 기민하게 움직이지 않는다. 나는 속도의 우위보다 방향의 정직함을 선택하려 애썼다. 궤도를 이탈한 속도는 위태로운 폭주가 되고, 방향을 응시하는 느림은 성찰의 시간이 된다. 나의 시선은 늘 사람을 향한 좌표를 놓치지 않으려 했다. 시민이 중심에 서고 정책

은 그 삶을 받치는 도구가 되어야지, 제도가 그 자체로 목적이 되는 순간 사람은 다시 수단으로 전락하기 때문이다. 정치가 인간의 존엄을 위해 존재해야 하는 이유를 나는 걷는 내내 되새겼다. 복지 현장과 시의회, 그리고 협회라는 각기 다른 자리를 거치며 나는 세 가지의 정직한 사실을 체득했다. 첫째로 공직은 권한을 휘두르는 자리가 아니라 무거운 책임을 감당하는 자리라는 것, 둘째로 그 책임은 화려한 언사가 아닌 일상적인 태도로 증명되어야 한다는 것, 마지막으로 그 태도는 단발적인 행위가 아니라 끈질긴 지속을 통해 확인된다는 점이다. 신뢰는 논리의 정확함보다 행위의 일관성 위에서 싹튼다. 좋은 행정이란 결국 성실한 태도의 다른 이름임을 현장은 매일 나에게 일깨워주었다. 임기는 유한하나 책임의 무게는 휘발되지 않고 남는다. 조례의 문구는 수정될 수 있으나 한 사람의 일상에 새겨진 변화의 흔적은 쉽게 사라지지 않는다. 나는 문서의 기록보다 사람의 기억 속에 남는 자취를 더 소중한 유산으로 여겼다.

나는 지금도 비좁은 복지관 복도와 경로당의 소박한 점심상, 그리고 사회복지사들의 빽빽한 상담 일지 속에서 내가 서 있어야 할 이유를 발견한다. 이름 없는 이들의 인내와 헌신이 제도를 추동하고, 그 제도가 다시 누군가의 숨통을 틔운다. 행정의 언어가 사람의 언어를 압도하지 않도록, 나는 언제나 현장의 날 것 그대로의 목소리를 가슴에 품고 회의장으로 향했다. 사람을 향하지 않는 제도는 온기 없는 껍데기에 불과하다는 것을 잘 알고 있기 때문이다. 공공의 역할은 본질적으로 관계를 맺고 복원하는 일이다. 시민과 행정, 현장과 제도 사이를 잇는 다리가 되는 것이 나의 존재 이유였다. 때로는 그 다리가 무너지고 신뢰가 끊기는 위기도 있었으나, 나는 다시 돌을 쌓고 길을 내는 일을 멈추지 않았다. 공직은 결코 완벽할 수 없으나, 성실하게 지속될 수는 있다. 나는 그 멈추지 않는 보행을 책임이라 부른다.

단기적인 성취의 화려함보다 신뢰의 축적이라는 지루한 과정을 더 무겁게 받아들인다. 제도는 한 번의 결단으로 바꿀 수 있지만, 사람의 믿음은 긴 시간을 들여서야 비로소 쌓인다. 나를 기억하는 시민들과 동료들은 내가 통과시킨 조례의 조항보다, 내가 그들과 함께했던 태도를 더 오래 회고할 것이다. 말의 힘보다 태도의 무게가 더 크다는 사실을 나는 현장의 공기 속에서 배웠다.

진정한 리더십은 단상 위에서 명령하는 것이 아니라 낮은 테이블에서 함께 견디는 체력에서 나온다. 나는 의회와 협회에서 늘 '함께'라는 가치를 우선시했다. 상대의 주장을 끝까지 경청하고 공동의 이익을 저울질하며 갈등의 간극을 메우려 노력했다. 의견의 충돌을 두려워하지 않되, 그 충돌이 파괴적인 갈등으로 남지 않도록 조정하고 타협을 끌어내는 일이야말로 공직자가 수행해야 할 가장 인간적인 노동이다.

나는 쏟아내는 말의 양보다 듣는 시간의 깊이를, 당장의 성과보다 방향의 일관성을 더 중시한다. 정책이 완성되는 지점은 법안의 통과가 아니라 시민의 삶 속에 정착하는 순간이다. 제도의 성패는 종이 위의 지표가 아니라 일상에서 체감되는 변화의 온도로 증명되어야 한다. 행정 중심의 시각을 버리고 철저히 사람의 관점에서 바라볼 때, 모든 판단의 근거는 명료해진다. 돌아보면 사회복지사로 출발해 의회와 협회를 오간 나의 시간은 끊임없는 배움의 연속이었다. 자리는 바뀌었으나 사람의 존엄을 지켜야 한다는 원점은 변하지 않았다. 나는 여전히 그 초심의 좌표로 돌아가려 한다. 그것이 내가 이 길에 들어선 근원적인 이유이기 때문이다.

세대는 각자의 구간을 달리는 릴레이 주자와 같다. 선배 세대가 닦아놓은 길 위에 다음 세대가 서고, 나는 그 바통을 가장 정직한 방식으로 넘겨주려 한다. 나의 목적은 개인의 완성이 아니라 다음 세대가 더 멀리 나갈 수 있도록 튼튼한 발판을 마련하는 데 있다. 그 길이 누군가에게는 희망의 이정표가 되기를 바란다. 경쟁하듯 달리는 인파 속에서 나는 천천히 걷는 법을 익혔다. 공직의 본령은 속도의 경쟁이 아니라 지속의 의지라는 사실을 잊지 않기 위해서다.

우리 사회의 품격은 결국 사람의 존엄을 대하는 태도에서 결정된다. 제도가 아무리 정교해도 사람이 존중받지 못한다면 그 체제는 무의미하다. 복지국가의 깊이도 민주주의의 성숙도도 결국은 사람을 귀하게 여기는 마음에서 비롯된다. 나는 그 품격을 높이는 노역을 생의 마지막까지 이어가고 싶다.

나는 오늘도 걷는다. 그 길이 멀고 험할지라도 누군가는 묵묵히 자리를 지켜야 함을 안다. 나의 걸음이 언젠가 다른 이들의 길잡이가 되고, 나보다 더 깊고 멀리 걷는 이들이 나타난다면 그것으로 충분하다. 한 세대의 책임 위에 다음 세대의 희망이 피어나고, 그 희망이 사회를 추동하는 선순환의 한 고리가 되고자 한다.

정직한 책임은 결코 멈추지 않는다. 걷는 자는 스스로 길을 내며 나아간다. 멈추지 않는 보폭만이 세상을 바꿀 수 있음을 믿기에, 나는 오늘도 조용히, 그러나 단단하게 발을 내디딘다.

부록

기록의 궤적

사회복지실천은 연대이다

2017년 겨울은 무척 추웠다. 박근혜 정부의 무능도 추웠고, 보수정권의 사회복지에 대한 몰이해도 추웠던 기억이다.

시대 정신에 앞서가기도 힘들지만, 순응만 하거나 역행하기는 더욱 힘들 것이다. 인천시가 공감복지를 이야기 하면서 사회복지 종사자들의 병가를 무급화하고 있는 것은 이해하기가 힘든 일이었다. 사회복지종사자들은 인천시의 복지를 전담하고 있는 최전선의 일꾼이다. 종사자들에게 최소한의 복리를 보장하여야 시민이 행복해지는 것은 기본 명제다. 더 이상 시대가 희생과 봉사만을 요구해서는 안된다. 심지어 이미 지급된 유급 병가에 대한 환수를 언급하는 것은 복지시설의 장으로서 아무것도 판단하고 요구할 수 없다는 자괴감으로 가득했다. 분권개헌의 시대를 맞아 유정복 시장 인천시는 자치복지권을 앞으로 이렇게 행사할 것인지 답답했다. 결국 인천의 시만단체와 사회복지단체가 연대하여 '인천사회복지총연대'가 출범했고 더욱 더 단결하고 투쟁했다. 찬바람 속에 팔뚝질... 그 때 모처럼 동지애를 느끼는 시간이었지만, 지금 생각하면 참 답답하고 긴 터널을 지나는 시간으로 기억된다.

복지사각지대는 없어야 한다

시의원으로 당선되고 의회에서 분주히 일했다. 아니 내가 해야할 일이 너무 많았다. 4년 내내 문화복지위원회 상임위 활동을 하면서 여러 복지 현안들을 이야기하고, 토론하고, 정책과 예산을 고민했다. 담당공무원과 얼굴도 붉히고 타협하고 협력하는 매순간들이 무척 진지했던 기억이다.
그러던 어느날 계양 일가족 사망사건을 접하고는 주저 앉을 듯 힘이 풀렸다. 그리고 시의회 본회의장에서 요청드린 5분 발언의 내용이다.

존경하는 인천시민 여러분 안녕하십니까?
김성준 인천광역시의원입니다.
발언의 기회를 주신 존경하는 이용범 의장님과 선배·동료 의원님께 감사드립니다.
우리는 5년전 송파 세 모녀 사건을 아프게 기억합니다. 이 후 다양한 제도 개편이 논의되었지만, 안타깝게도 최근 인천의 일가족 사망 사건이 발생했습니다.
이 분들은 한부모 가족으로 3개월 긴급지원 이후 매달 24만원의 주거급여를 받았을 뿐이며, 부양의무자의 경제능력이 없어야 받을 수 있는 생계급여는 전남편과 친정부모 재산을 조사하는 것이 어려워 스스로 신청을 포기하였습니다.
결국, 복지사각지대에 놓인 이들에게 스스로 가난을 증명해야 하는 신청주의와 부양의무자 기준의 한계라는, 또 다른 복지 장벽이 있었습니다. 가정의 혼란스러운 상황에서 복잡한 행정절차를 강요하는 것은 잔인한 절차였던 것입니다.
이 분들은 긴급복지 지원대상이었고, 저소득 한부모 가족으로 주거급여를 받았기에 사후관리만 제대로 되었어도 비극을 막을 수 있었을 것입니다. 보다 사람중심의, 사회적 약자중심의 행정이 필요했던 것입니다.
복지전담 공무원 업무의 과중과 인력부족에도 원인이 있습니다.
본 의원이 현장을 다니다 보면 동단위 복지전담공무원들이 정작 해야 할 긴급한 일은 전문적 영역인 사례발굴이나 상담활동임에도 불구하고, 각종 행사, 최근에는 김장나눔행사 등 다른 업무에 매달려 있는 모습을 보게 됩니다. 도무지 이해가 되질 않습니다.
복지사각지대 발굴을 위한 'sos 복지안전벨트'는 2017년 25억원이였던 예산이

매년 줄어, 내년도 예산안에는 15억원이 편성되었을 뿐입니다. 이에 따라 추진실적도 감소되고 있습니다.

민선7기 시정부의 복지정책 대표브랜드인 인복드림사업은 복지재단 출범과 함께 복지사각지대 발굴을 위한 2억이 안되는 시범사업비가 예결위심사에서 전액 삭감되었습니다.

도대체 무엇이 더 중요한 사업이기에 이러한 위기가정을 발굴하고 지원하는 사업을 출발도 못하게 하는 것입니까? 집행부는 시장님의 의지만큼 이사업에 대한 고민이 있었습니까? 참담한 마음입니다.

본 의원은 우리시의 사회복지정책 사무가 국가사무의 단순한 전달체계를 넘어 인천형 자치복지를 실현하기 위한'인천형 복지서비스 전달체계 시스템'의 마련을 촉구합니다.

여기에는 사각지대 발굴을 위한 체계적인 시스템 마련과 현장의 복지전담공무원 인력 및 권한 강화, 지역의 복지관 등 지역사회와의 긴밀한 협조 및 연계 방안이 포함되어야 합니다. 더 이상 위기가정이 스스로 가난을 증명해야 하는 일이 없어야 합니다.

가난이 죽음보다 더 두려운 것이 되어버린 우리사회의 현실을 우리시에서 부터 반드시 바꾸어야 합니다.

그리고 제발 사회복지업무는 최소한 사회복지가 무엇인지 아는 공직자들이 담당하도록 해야 합니다.

우리시에는 사회복지직이 아니라도 많은 사회복지사 공직자들이 있습니다. 최소한 사회복지업무 인사에서는 이러한 사항이 고려되어야 합니다. 사회복지행정은 경험도 중요하지만 전문성이 더 중요한 것이라고 생각합니다.

이 안타까운 일과 얼마 전 5세 아동 학대사망 사건에도 우리는 책임지는 모습이 없었습니다. 단지 불행한 가정사와 가냘픈 아이는 부모를 잘못 만난 운명으로 하늘나라에 간 것일 뿐이었습니다.

이래선 안됩니다. 복지국가를 지향하는 사회에서 개인의 문제는 분명 사회구성원 모두의 문제이고, 우리 모두가 책임이 있는 문제입니다.

정치의 꽃은 복지이고, 외교의 꽃은 평화라는 말이 있습니다.

행정과 정치의 꽃은 시민의 최소한 인간적인 삶을 지켜주는 복지가 되어야 합니다.

죄스러운 마음으로, 운명을 달리하신 시민분들의 명복을 빕니다.

이것으로 5분 발언을 마치겠습니다.

끝까지 경청해 주셔서 감사합니다.

인천의 혁신육아사업 '아이사랑꿈터'

민선 7기 박남춘 인천시정부의 인천형복지 정책은 섬세하고 따뜻했다. 인천형 혁신육아사업인 아이사랑꿈터 1호점이 남동구에 개관되었을 때를 기억한다.
육아는 우리사회 공동체의 일이다. 국가가 아무리 다양한 출산장려 정책을 쏟아내어도 인구는 감소되고 있는 현실이다.
핵심은 섬세한 아이키우기 행복한 지역을 만들어야 하는 것이다. 부모와 애착이 형성되는 시기인 영유아기에 기관육아도 중요하지만 부모와 함께하는 가정육아의 지원이 반드시 필요하다.
이런 이론적 바탕으로 민선7기 박남춘 시정부의 육아정책 실현을 위해 여성가족국 이현애 국장, 윤재석 육아지원과장 등 많은 TF팀 공직자의 노력이 있었다. 아울러 이 사업 실행을 위해 관계법시행령을 조정하여 설치근거 마련을 위해 당시 윤관석 국회의원께서도 많은 노력을 하셨다.
많은 분들의 노력으로 인천이 아이키우기 좋은 도시가 되리라 확신하고 있는데 시정부가 바뀌고 지원보다는 방관의 자세로 바뀐 것이 안타까울 뿐이다. 그리고 최근의 시예산 자료를 보면 제가 조례를 대표발의한 공공형, 인천형 산후조리원 관련사업들도 축소되거나 진전이 없이 변형되어 가는 것을 보고는 한숨이 절로 나오고 있다. 시민만 바라본다면 결코 그럴 수 없다고 본다.

보행약자를 위한 복지도시

내가 사는 미추홀구는 동서남북이 경인철도로 나뉘어 진다. 특히 주안1,5,6동, 간석동의 시민들이 보행하시는 유일한 길이 석암고가육교다. 보행약자 시민들이 눈비오면 미끄러워 너무나 위험한 계단이었다.

원도심은 계획된 부분보다 인구가 늘고 교통량이 증가함에 따른 임시적 대응이 많은 곳이다. 그러므로 불편하고 위험한 요소들이 많다. 특히 교통, 보행 약자들에게 더 불편하고 위험하다. 신도시보다 더 고민하고 지원해야한다. 가파른 보도육교에는 가능한 승강기를 설치해야 하고 경인철도 지상역에는 가능한 에스컬레이터를 설치해야 한다. 비용의 문제가 아니라 사람이 우선이다.

이러한 관점에서 시민들의 요구에 시민들과 협의하여 차양막(캐노피)설치 요청 서명을 진행하였고 2019년 마침내 육교 양쪽의 공사가 마무리되었다. 당시 인천시 담당부서에 예산을 요청하고 담당자를 설득하여 미추홀구로 예산이 편성되어 다행히 최소한의 위험은 대비했다.

주안5동과 1동을 잇는 경인철도 위 보도육교도 보행약자들이 등산해야 하듯 해야 했었다. 이 민원을 가지고 오랜기간 시 철도과와 논의했다. 시정부와 논의를 넘어 철도청과도 논의를 해야 했다. 그 가운데는 항상 당시 허종식 정무부시장의 역할이 컸다. 2년 이상 지속적으로 추진한 주안5동과 1동을 잇는 가파른 보도육교에 승강기설치가 마침내 2021년도에 완성되었다.

그 동안 설치하지 못한 이유가 예산문제와 한곳을 하면 전체 육교에도 계속 설치요구가 생긴다는 것과 장애인분들이나 노약자분들의 보행량이 조사해보니 많지 않다는 이유였다. 이 부분이 무척 마음이 아프고 답답했다. 이곳뿐 아니라 당연히 모든 곳에 승강기 설치해야 한다고 했다. 그리고 이렇게 높고 가파른 육교를 다닐 엄두가 안나 보행약자분들이 못다니는데 이런 문제를 비용대비편익으로 분석한다는 것이 사람중심의 복지국가를 저해하는 것이라 공직자들을 설득했다.

힘든 길을 매일 다니시면서 언젠가는 해결해줄거라 믿어주신 김인학 어르신, 매일 이 길을 등굣길로 다니는 초등학생, 주민분들께 감사하고 늦어져 죄송한 마음뿐이다. 늦있지만 다행항 일이었다.

사회복지종사자들과 연대하기

오늘은 2009년에 인천시 사회복지종사자들의 인권과 법적인 지위를 찾기 위해 모여진 인천사회복지종사자권익위원회 활동 10주년 토론회에 참석했습니다.
그동안 열악한 현장의 목소리를 대변하고 시집행부와도 많은 논의와 협치를 이루었습니다.
다행이 민선7기 박남춘 인천시정부 출발과 함께 2018년에 민관협의체로 권한이 강화되고, 개정조례에 근거한 인천시사회복지종사자처우개선위원회가 시작되었습니다.
권익위에서는 오늘 발전적 해체를 제안했습니다. 그 동안의 노력이 일정 정도 제도권과 대의기구에 반영되었고 민관협치에 대한 기대와 함께 이루어진 제안으로 생각합니다.
민간영역에서는 날로 그 역할이 충실해지는 인천시사회복지사협회에 그동안의 역사와 축적된 논의들과 과제가 잘 전달되고, 시정부와 민간의 협의기구인 처우개선위원회의 역할 강화를 위해 인천시의회에서도 최선을 다하겠습니다.

악취로 고통받던 주민들과 함께 해결한 성○공업 문제

2018년 인천광역시의원 후보로 선거를 시작하면 지역의 민원 중 도화지구 성○공업사 악취문제가 있었다. 당시 도화지구에는 이편한세상 대단위 아파트단지가 완성되어 입주를 시작했고, 도화 더샾아파트가 곧 입주를 준비하던 시점이었다.

성○공업사는 주물공장이었는데 공정과정에서 엄청남 악취가 아파트로 유입되었다. 완충녹지도 충분히 갖춰지지 않는 상태에서 공업단지와 주거단지가 공존하는 것이 불가능한 상황이었다. 이 민원을 받아 의회로 출근하면서부터 민관협의체의 대표가 되어 문제해결을 위한 협의를 진행했다. 미추홀구 일반, 기계산단 악취실태조사 학술용역을 진행했고 거의 매일 미추홀구 도화지구 악취관련 민관협의체 대표로서 그 동안 악취로 고통받는 주민들의 입장에서 많은 고민을 함께 했다. 인천시와 도시공사, 악취물질배출 해당 업체, 주민비대위, 미추홀구, 환경단체와 협의를 통해 학술용역을 실시한 결과가 해결 대안이 되도록 설득했다.

개발과 성장이 중심이 사회가 제대로된 사전영향평가를 실시하고 악취에 대한 사람중심의 엄격한 기준이 미비한 우리사회는 끊임없는 갈등의 소지를 간직하고 있다. 공공정책 및 사업의 결정기준이 경제성, 환경성, 사회성에 모두 부합되어야 하나 항상 경제성에만 치중한 것이 사실이다.

러는 과정에서 인천광역시와 인천도시공사가 주민대표들과 악취배출업체와 함께 해결방안을 논의 중 업체의 차단문이 고장나 폭염에 주민들의 악취민원이 다시 급증했다.

어느날 아침에 도화지구환경대책위 정성진위원장님과 함께 업체를 방문하여 현장을 살폈다. 결론은 시민들의 주거공간과는 공존할 수 없는 업체라는 것이었다.

마침내 드디어 합의가 이루어졌다. 도화구역의 악취민원이 긴시간 있어왔고 민관대책위가 만들어져 지속적이고 합리적인 논의가 있었고 인천도시공사와 해당 기업과 이전에 대한 구체적인 합의서를 체결하였다.

해당 악취발생 기업이합의한 내용으로 완전한 이전을 진행하여 그동안 창문도 못 열었던 주민들의 고통이 해결되는 기쁜 소식을 전했다.

긴 시간 분노보단 침착한 소통을 해주신 주민대책위와 도화구역 주민분들이 가장 고생하셨다.

시민의 입장에서 큰 결단해주신 당시 박남춘 인천시장과 강력하게 해결을 위해 노력하신 허종식 부시장, 그리고 협상을 끝까지 마무리 하신 박인서 인천도시공사사장, 시 대기보전과 공무원들 모두 고생하셨다.

현장과 함께 푼 사회복지종사자 처우개선

2019년까지 인천시에는 인건비 지급기준이 없는 시설이 200여개 이상 있었다. 600여명의 사회복지종사자들이 항상 부족한 사업비에서 인건비와 운영비를 놓고 도덕적 고민을 해야했다. 최저임금을 넘나드는 인건비 속에서도 묵묵히 일해오고 있었다.

넘어야할 산도 많고 시재정도 감안해야 하는 상황인지라 해당부서에서도 많은 고민을 하고 있었다. 현장은 힘든 목소리도 있지만, 진지하고 소중한 해법의 목소리를 들을 수 있다.

시의원 시절 전국의 지역아동센터 종사자들이 운영정상을 위한 광화문집회에 인천의 지역아동센터 종사자분들이 몇백명 이상 참석하고 전국에서 6~7천명의 종사자분들이 참석하였다.

최저임금 인상분에 턱없이 부족한 운영비 인상분은 결국 아동복지서비스 질을 저하시킬 수 밖에 없었다. 이후 시정부와 협의하고 요구하여 인건비와 프로그램비가 분리되고 인건비 차액분에 대한 긴급지원이 이루어졌다. 그리고 이 협의가 호봉제 없는 소규모

시설의 호봉제 도입이 논의되는 단초가 되었다.

이후 2019년 8월경 소규모시설 인건비기준안이 마침내 마련되었다. 당시 최종적으로 간담회 자리에서 시설장들이 정말 인건비기준안이 마련되었지 되묻곤 했다. 박남춘 시장과 집행부 관계자들을 만나곤 진짜구나 하곤 기뻐했다.

민선 7기 박남춘 시정부 인천광역시는 지역아동센터, 아동그룹홈, 여성권익시설, 학대피해쉼터 등 그동안 인건비 기준조차도 갖추지 못한 종사자 5인이하 국비지원시설에 대해 인천시 타기관과 동일한 대우를 받도록 하는 처우개선안을 전국최초로, 가장 진일보한 안으로 마련했다.

인천광역시는 민선7기 시정부부터 본격적으로 복지포인트, 특수근무지수당, 보수교육비지원, 병가유급화 등의 처우개선안을 만들어 지원하고 있다.

이에 현장은 더 역량있는 최고의 사회복지서비스를 시민들께 제공해 드림으로 보답할 것을 약속했다. 지금도 이 기준이 타시도의 사회복지 현장도 새로운 기준이 되고 있다. 참 다행한 일이다.

대형물류센터의 소음과 분진문제를 주민과 함께 해결하다

도시는 사람, 환경, 시스템으로 구성된다. 이 세가지 요소가 잘 결합되어야 사람이 살기 좋은 곳이고, 이는 시민을 위한 행정의 지향점일 것이다.
도화동에 대형물류센터가 생기고 새벽에 물류센터로 진입하여 상층부로 올라가는 대형트럭의 엔진소리, 분진이 발생하여 주민들이 큰 고통을 받고 있었다.
이 문제를 해결하기 오랜기간 새벽4시 부터 미추홀구 환경 보전과 직원들, 지역주민들과 도화동 물류센터 소음측정을 진행하였다.
결국 특단의 조치가 임박해야 움직였다. 시민의 민원과 행정의 제재가 아닌 기업의 선도적 지역상생이 언제쯤 자리잡는 사회가 될까?
소음측정을 위해 새벽잠 설치고 방을 내주신 도화동 어르신과 주민, '기도비닉과 은폐와 엄폐'(군필자는 충분히 아는 용어^^)를 같이하며 소음측정을 해준 미추홀구 환경보전과 팀장과 주무관도 고생하셨다.
결국 방음과 방진을 위한 외벽이 물류센터에 설치되고 그 문제는 해결되었다.
소음측정기를 사용하여 과태료를 부과하고 행정제재를 해야만 움직이지 말고 주민들과 상생하는 기업의 자세가 선행되었다면, 건축허가시 좀더 촘촘하게 행정이 살폈다면 긴 시간의 주민 고통이 없지 않았을까 하는 아쉬움이 남는 일이었다.

안타까웠던 미추홀구 형제 화재사건

2020년 가을 인천광역시의회 문화복지위원회에서 '아동돌봄, 공백과 해법을 위한 긴급진단' 간담회를 개최했다. 돌봄공백으로 인한 안타까운 화재사건으로 인한 피해아동들의 지원을 위해 다양한 논의들을 했다.

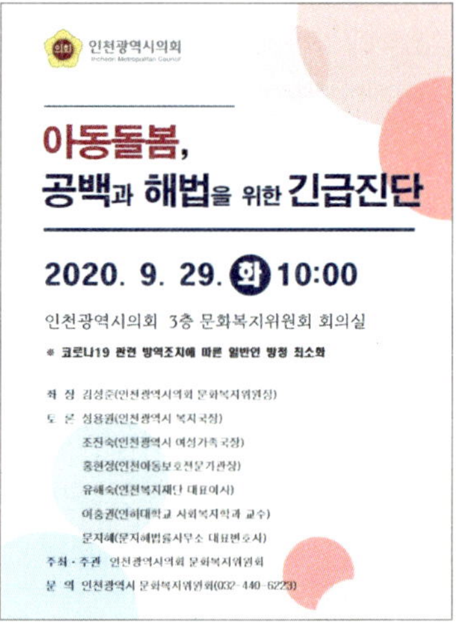

무엇보다 아이들의 회복과 지원이 중요하기에 논의보다는 대응에 집중하도록 의회 차원의 모임은 자제했다. 논의 내용은 아동돌봄정책, 법률적 검토, 현장기관의 대응 등을 위한 전문가분들을 의견을 듣었다. 담당국, 아동보호전문기관, 복지재단의 역할과 대안 등을 검토하고 사례관리를 담당했던 기관과 행정의 역할과 한계, 개선방안과 대안을 통해 사후가 아닌 사전의 아동돌봄정책을 만들어야 한다는 의견도 충분히 제시했다.

다시는 이러한 안타까운 사고가 없도록 돌봄공백을 채우는 정책들이 통합적으로 이루어져야 한다.

사회복지 실천현장의 소중한 동지 '소금꽃'

오랜 기간동안 사회복지현장에서 정을 나누는 분들과 함께하는 모임이 있다. 나의 소중한 사회복지실천 동지들 '소금꽃' 모임인데 사회복지에 대한 공부도 하고 토론도 하는 모임입니다.

언제부터 연말이면 지역의 작은 복지시설에 조그마한 나눔이라도 하자고 의견을 내어 지역의 시설들을 방문하곤 했다.

지금도 직능별 회원의 시설을 하달에 한번씩 다니면서 시설에 대한 이해와 직능별 정책에 대해 공부하고 토의한다. 장애인, 아동, 청소년, 노인, 정책단위기관 등 서로가 경험하지 못한 직능에 대한 이해와 정책공유가 사회복지 전체를 이해하고 복지도시에 대한 설계에 큰 밑바탕이 되고 있다.

사회복지는 끊임없는 사회적 변화에 대한 대응이 필요한 실천적 학문이고 과정이다. 대상자의 여러 사회환경이 변화하고 그에 맞는 서비스 제공을 통해 문제를 해결해야 하고 또한 전체가 아닌 개별화의 관점에서도 대상자가 가지고 있는 여러 문제를 이해하고 해법을 찾아야 한다. 그러기 위해서는 인문학적 소양과 여러 사회정책적인 변화에 누구보다 민감하게 대응하고 공부해야 한다. 공부해서 남주는 일이 사회복지사의 일이다.

사회복지종사자 인권보호사업을 시작하다

2021년 12월에 인천의 사회복지 현장에서 받은 목소리가 있다.
사회복지종사자 처우개선을 넘어 사회복지종사자 인권보호사업을 시작하는 조례를 전국 최초를 대표발의하여 그에 대한 예산까지 만드는 과정이 완성되었기 때문이다.

참 반가운 소식 전합니다!!
〈2022년 인천 사회복지종사자 인권보호사업 예산 확정〉
인천사회복지종사자의 인권보호와 건강한 사회복지현장 마련을 위하여 조례제정부터 예산수립까지 애써주신 인천광역시의회 김성준 문화복지위원장님과 함께 뜻을 모아 주신 의원님들, 그리고 의미있는 사업 지속할 수 있도록 적극 협력해주신 인천광역시 복지정책과에 진심으로 감사드립니다.
무엇보다도 우리 협회를 응원해 주시고 함께 해주시는 모든 회원님들 덕분에 거둔 성과입니다.
고맙습니다!!!
인천 사회복지종사자들의 인권이 보호되는 건강한 사회복지현장을 만들기 위하여 우리협회는 지속적으로 노력하겠습니다.

정치는 복지다

초판 1쇄 발행 / 2026년 1월 21일

지은이 / 김성준
펴낸이 / 윤미경
펴낸곳 / 도서출판다인아트
출판등록 1996년 3월 8일 제78호
인천광역시 중구제물량로232번안길 13
tel. 032+431+0268 / fax. 032+431+0269
e-mail. dainartbook@naver.com

인쇄·제본 / 신우인쇄

ISBN 978-89-6750-173-0 (03040)